C000150487

1 MONTH OF
FREE
READING

at

www.ForgottenBooks.com

By purchasing this book you are eligible for one month membership to ForgottenBooks.com, giving you unlimited access to our entire collection of over 1,000,000 titles via our web site and mobile apps.

To claim your free month visit:

www.forgottenbooks.com/free669054

* Offer is valid for 45 days from date of purchase. Terms and conditions apply.

ISBN 978-0-666-12565-1
PIBN 10669054

This book is a reproduction of an important historical work. Forgotten Books uses
state-of-the-art technology to digitally reconstruct the work, preserving the original format
whilst repairing imperfections present in the aged copy. In rare cases, an imperfection in
the original, such as a blemish or missing page, may be replicated in our edition. We do,
however, repair the vast majority of imperfections successfully; any imperfections that
remain are intentionally left to preserve the state of such historical works.

Forgotten Books is a registered trademark of FB &c Ltd.
Copyright © 2018 FB &c Ltd.
FB &c Ltd, Dalton House, 60 Windsor Avenue, London, SW19 2RR.
Company number 08720141. Registered in England and Wales.

For support please visit www.forgottenbooks.com

LA
JARDINIERE
DE
VINCENNES,

Par Madame DE V***. *(Villeneuve)*

Nouvelle Edition, revue & corrigée.

PREMIERE PARTIE.

A VILLENEUVE-LES-AVIGNON.

Chez JEAN-ALBERT JOLY, Imprimeur du Roi & de
la Municipalité.

M. DCC. XC.

PQ
2068
V4A66
1790
ptie.4

LIBRARY

MAY 29 1967

UNIVERSITY OF TORONTO

À MADAME
LA MARQUISE
DE
SENNETERRE.

MADAME,

Je ne dois pas me flatter d'être jamais affez heureufe pour vous prouver la reconnoiffance que j'ai de l'amitié dont vous avez eu la bonté de m'honorer, fans que j'euffe ofé y prétendre, fi vous n'aviez pas pouffé la générofité jufqu'à me l'offrir vous-même ; mais cependant ne voulant point paroître ingrate, quand ce fentiment eft fi différent de ma façon de penfer, permettez, MADAME, que je la fignale en vous offrant ce petit Roman de ma compofition. Je fuis enhardie à prendre cette liberté fur le bonheur qu'ont eu

mes Ouvrages précédens : vous m'avez fait la
grace de me dire qu'ils ne vous avoient pas
déplu, & j'espere que celui-ci aura le même sort.
La justesse de votre goût me persuade que s'il a
cet avantage, il aura l'approbation générale.
En avouant la raison qui m'oblige à le mettre
sous votre protection, c'est plutôt chercher à
vous avoir une nouvelle obligation, qu'à trouver
le moyen de reconnoître les précédentes ; mais
j'espere que vous ne me refuserez pas cette nouvelle preuve de l'amitié que vous m'avez fait
l'honneur de me promettre. Je n'ignore pas que
c'est vous servir à votre goût, que de vous
fournir les occasions de rendre de bons offices à
ceux qui vous sont déjà obligés. Je ferai toute
ma vie mon possible pour les mériter, pour conserver cette précieuse amitié, & pour vous
prouver que j'en suis digne, s'il ne faut pour
cela qu'en connoître parfaitement le prix & être
avec un parfait dévouement, très-respectueu-
sement,

MADAME,

Votre très-humble & très-
obéissante Servante,
DE V.......

LA
JARDINIERE
DE VINCENNES.

PREMIERE PARTIE.

QUOIQUE la marquife d'Aftrel fût veuve depuis vingt ans, elle n'en avoit cependant que trente-fix, joignant à une grande naiffance, de la beauté, de la vertu & de gros biens. Ces qualités, qui font fi rarement réunies dans le même objet, lui auroient aifément fait trouver un des meilleurs établiffemens de France, fi elle eût été en difpofition de fe rengager de nouveau ; mais quand, à la fin de fon deuil, la bianféance lui permit de penfer à un fecond hymen, loin de profiter de cette liberté, elle déclara hautement qu'elle y renonçoit, ne voulant s'occuper déformais que de fa fortune & de l'éducation de fon fils unique, qui étoit auffi l'unique objet de fes attentions.

A 3

On ne crut pas d'abord que cette réfolution
pût être durable, n'étant pas aifé de penfer
qu'une femme de dix-neuf ans pût réfifter aux
follicitations de fa famille, & aux empreffemens
de ceux qui avoient droit de prétendre à fa main ;
mais fidelle à l'amour maternel qui lui avoit
infpiré ce deffein, elle le conferva ; & fe forti-
fiant de plus en plus, dans ces premiers fenti-
mers, elle ceffa enfin d'être regardée comme
une perfonne à marier, fe délivrant par ce
moyen, malgré fa grande jeuneffe, de l'impor-
tunité des uns & des autres.

Elle pouvoit croire, fans prévention, que fes
attraits auroient été fuffifans pour faire deffrer
fa poffeffion ; mais elle n'en eut pas plus d'or-
gueil, préfumant toujours que ceux qui lui
faifoient la cour avec tant d'ardeur, étoient
prefque auffi amoureux de cent mille écus de
rente, dont elle étoit maîtreffe, que de fa perfonne.

Ces gros biens, d'autant plus à deffrer qu'ils
étoient exempts de dettes & de procès, n'étoient
pas de nature à redouter qu'il en furvînt ; puifqu'ils confiftoient en des terres confidérables
dont fes ancêtres avoient joui depuis un temps
immémorial, & qui lui étoient échus fans obftacle.

La marquife avoit parfaitement bien vécu
avec fon époux, & l'avoit aimé tendrement ;
mais peut-être la fidélité qu'elle confervoit pour

fa mémoire, n'eût pas été capable de la déterminer à un veuvage éternel, si elle eût pu le
faire cesser sans porter de préjudice aux intérêts
de son fils ; qui, pour être riche, n'avoit d'autre
ressource que l'espérance du bien de sa mere, le
marquis ne lui ayant laissé qu'une succession si
embrouillée, que le conseil de la veuve l'avoit
obligé d'y faire renoncer son pupille.

Quoique le jeune marquis fût resté sans biens,
son éducation n'en souffrit point ; & après y
avoir donné tout ce qui pouvoit la perfectionner, la marquise jugea que, pour la rendre parfaite, il falloit le faire voyager ; étant persuadée
qu'il n'y a rien de plus propre à former un
homme de son rang.

Le marquis répondoit parfaitement aux soins
que sa mere prenoit pour en faire un cavalier
accompli ; étant aussi attentif à profiter des
leçons qu'elle lui faisoit donner, qu'à lui témoigner, par son respect & son plus tendre attachement, la reconnoissance que lui inspiroit tant
de bontés. Le bon usage qu'il faisoit des sentimens favorables dont elle lui donnoit sans cesse
les preuves les plus tendres, redoubloit l'affection qu'elle avoit pour lui.

Ce n'étoit point une tendresse de mere aveu-
gle qui faisoit agir madame d'Astrel : elle avoit
la satisfaction de savoir qu'elle n'étoit pas seule à
l'admirer, & que c'étoit sans prévention qu'elle
le trouvoit charmant. Il étoit fait en perfection,

avoit tous les traits réguliers : la physionomie intéressante & un air de grandeur qui brilloit en toutes ses actions, n'auroient pas permis qu'on eût pu le prendre pour un homme du commun, quelque simplement qu'il eût été vêtu.

Les soins que l'on avoit employés à cultiver son esprit, lui donnoient de nouvelles graces, qui, jointes à un caractere généreux & à une ame douce, le rendoient d'un commerce fort agréable. En un mot, il auroit été parfait, s'il n'eût point eu le défaut de trop connoître ses avantages, & d'avoir un peu plus d'estime pour son propre mérite, qu'il ne convient à un galant homme.

Ce vice étoit presque imperceptible par son attention à le cacher; & ceux qui le pénétroient, malgré ses soins, l'excusoient aisément, en considérant l'espece d'impossibilité qu'il y avoit pour lui à ne pas ressentir quelques mouvemens de vanité, tandis que les hommes qui le connoissoient, recherchoient avec empressement son amitié, & que les dames ne négligeoient rien pour se saisir de son cœur.

La bonne opinion que ces avances générales lui faisoit concevoir de lui-même, étoit encore fomentée par les adulations d'un ancien valet de chambre, qui avoit appartenu au feu marquis son pere, & qui lui étoit attaché depuis long-temps.

L'âge & les longs services de ce domestique

lui donnoient un grand crédit fur fon efprit : il
l'avoit fuivi en fes voyages, où il avoit eu toute
la commodité poffible pour acquérir fa confiance. La mort de fon gouverneur, arrivée tandis
qu'ils étoient à la cour de Vienne ; en facilita le
fuccès, & lui donna plus d'autorité auprès du
jeune homme, cet accident n'ayant pu déranger
des projets qui n'avoient pas eu encore le quart
de leur exécution.

Dupuy (c'eft le nom de ce domeftique) eut
ordre de fa maîtreffe de faire continuer à fon fils
à vifiter le cours de l'Europe, & d'avoir attention à fa conduite. Il s'acquitta affez heureufe-
ment de cet emploi, pour fatisfaire tout à la fois
la marquife & fon jeune maître, dont il gagna
l'amitié, en prévenant attentivement fes defirs.

Le marquis, docile à fes avis, les fuivoit exactement ; & Dupuy, qui avoit ordre de ne rien
épargner pour le faire paroître honorablement,
le faifoit féjourner dans tous les endroits où il
fe plaifoit, s'empreffant fur-tout à lui faire
trouver des plaifirs & de la bonne compagnie.

Cette efpece de Mentor n'avoit aucune peine
à exciter fon pupille au bien, ou à lui faire
éviter le mal. Il étoit porté fi naturellement à
bien faire, que les leçons qu'il auroit pû lui
donner, auroient été fuperflues ; ce qui animoit
le zele de Dupuy, & le faifoit tomber lui-
même, fans qu'il s'en apperçût, dans un
défaut qui eft fouvent de conféquence pour

ceux qui font chargés de la conduite des autres.

La bonne opinion qu'il avoit de fon éleve devint fi forte, qu'elle fe rendit contagieufe, & qu'il ne fut pas poffible au marquis de fe voir admirer fans ceffe par un homme, de qui l'emploi auroit dû être de le cenfurer, fans fe croire exempt de tous défauts, & même en poffeffion des perfections néceffaires à un homme comme lui.

Son penchant principal étoit pour les femmes, & l'indulgent Dupuy, auffi peu févere fur cet article que fur tous les autres, loin de s'oppofer à fes inclinations, l'encourageoit à les fuivre, & lui difoit fans ceffe que toutes les belles qu'il étoit permis à un honnête homme de voir, il n'y en avoit à éviter que de l'efpece de celles qui pourroient le conduire au mariage.

Vous n'êtes point le maître de votre main, ajoutoit-il : le moins que vous devez aux bontés de madame votre mere, c'eft d'attendre une époufe de la fienne ; l'engagement ne doit pas être pour vous une fuite de paffion. Le bien & l'alliance qu'elle agrééra, font feuls en droit de vous déterminer. Si la femme qu'elle vous aura choifie eft aimable, tant mieux pour elle, elle en fera plus chérie ; mais quand elle ne le feroit pas, ce ne pourroit être un obftacle à votre union. Vous avez trop de probité pour manquer de politeffe avec votre femme, & c'eft tout ce qu'il faut ; cela ne doit point vous empêcher de

disposer de votre cœur comme il vous plaira.
Au contraire, il est presque nécessaire d'être
amoureux, parce que le desir de plaire à ce
que l'on aime, inspire une attention & une
émulation qui excitent un galant homme à se
perfectionner. Il vous reste peu de chose pour
y parvenir, & sans vous flatter, il n'y a point
de jeunes seigneurs de votre âge qui vous
égalent.

Ces discours étoient trop au goût du marquis,
& flattoient trop son penchant pour le trouver
rebelle. Il en profita exactement, laissant à la
prudence de sa mere la conduite de son établis-
sement, tel qu'elle le jugeroit à propos, &
abandonnant son cœur au gré de ses desirs par-
tout où son mérite lui faisoit de nouvelles conquêtes.

Il en fit un nombre prodigieux pendant le
temps qu'il employa à parcourir l'Allemagne,
l'Espagne, l'Angleterre & l'Italie. En chaque
lieu qu'il jugeoit digne de faire son séjour, le
premier de ses soins étoit de lier une intrigue :
il y réussissoit parfaitement. Quand on est jeune,
beau & bien fait, qu'à ces qualités personnelles
on joint l'opulence & la libéralité, ces deux
dernieres forment un piédestal aux autres, &
les mettent dans un jour si avantageux, que le
succès est presque certain.

Le marquis savoit en perfection se conformer
aux divers caracteres des belles à qui il rendoit

des foins , foutenant le perfonnage d'amant tendre & délicat avec celles, dont la manie étoit
les beaux fentimens ; mais lorfqu'il rencontroit
des maîtreffes plus traitables, fon triomphe en
étoit plus prompt, fa libéralité détruifant d'abord
les vains fcrupules dont elles fe paroient.

L'habitude à trouver fi facilement le moyen
d'être heureux , lui perfuada que toutes les
femmes étoient fur le même pied ; & joignant
à ces expériences les inftructions du bon Dupuy,
il ne crut pas qu'il y eût dans le monde une
femme digne de fon eftime , ni qui fût capable
de lui réfifter.

Le marquis étoit dans cette pernicieufe idée ,
lorfqu'après quatre ans de voyage , fa mere,
jugeant qu'il étoit temps de terminer fes cour-
fes , le rappela auprès d'elle.

Il obéit en diligence & avec beaucoup de
joie : Dupuy lui repréfentant fans ceffe les plaifirs
de Paris fous des traits fi avantageux & fi fort
au-deffus de ceux qu'il avoit goûté ailleurs , il
brûloit du defir d'en faire l'expérience, fur-tout
d'effayer du commerce des dames de France ,
quoique Dupuy , en lui faifant une peinture
charmante , n'eût pas omis de l'avertir qu'elles
étoient beaucoup plus dangereufes qu'en aucun
autre endroit.

Il lui infpira que le moyen le plus à la mode
à Paris , & celui d'éviter bien des chagrins
étoit d'avoir une maîtreffe dont la naiffance fû

affez

assez inégale pour ne point songer à devenir sa femme ; mais qui, satisfaite de ses bienfaits, ne le considérât que comme un homme qui n'avoit pas plus d'envie de l'épouser que d'être son esclave, ce que, disoit-il, on devoit également redouter ; ajoutant qu'une semblable précaution le garantiroit de la débauche, sans le contraindre dans ses plaisirs, ni mettre d'obstacle à ses devoirs ; n'oubliant pas de lui faire un portrait fort déplaisant de ceux qui se jettent à corps perdu au service du parfait amour, & qui s'abandonnent aux soins pénibles qu'il faut prendre lorsqu'on veut plaire méthodiquement, sur - tout dans un temps où la mode est si contraire, qu'ils se donnent un ridicule ineffaçable.

. Faites des parties agréables, lui disoit-il ; mais ne livrez jamais l'empire absolu de votre cœur à une belle capricieuse ; dès qu'elle se croira aimée, elle voudra vous assujettir à toutes ses fantaisies. Pour avoir une preuve de votre amour & de votre dévouement, elle exigera sans doute que vous renonciez à vos volontés, en vous soumettant absolument aux siennes ; enfin, que vous abandonniez toutes sortes de plaisirs pour vous occuper de l'unique bien de la suivre en tous lieux.

. Cette tyrannie, à laquelle on étoit assujetti au temps passé, & où on ne l'est encore que trop souvent dans celui-ci, sans même s'en appercevoir, est le plus dangereux écueil où se puisse

brifer la fortune & la réputation des jeunes
gens qui entrent dans le monde. Une telle manie fait abandonner le foin de l'avancement à
ceux qui en font entichés ; ils négligent de fe
faire connoître, fe laiffant totalement oublier ;
& quand ce malheur eft arrivé, il eft rare
qu'on le répare : c'eft une efpece de mort ci-
vile, qui les ayant féqueftrés affez long-temps
de tout autre foin que de ceux de leur amour,
les a jettés dans le cas de donner au publié le
loifir de les perdre entiérement de vue, & de
fe paffer d'eux.

Croyez-moi, mon cher maître, continuoit
le zélé Dupuy, laiffez efpérer la préférence à
toutes celles qui en vaudront la peine, mais
que ce foit fans vous engager à aucunes ; que
chaque jour foit marqué par une nouvelle conquête. Fait comme vous êtes, vous ne devez
pas appréhender de trouver des cruelles.

Ces flatteufes maximes ne pouvoient déplaire à un jeune homme ; & quand le marquis
arriva à Paris, il avoit le goût fi gâté par fes
pernicieufes leçons, qu'il étoit auffi convaincu
de fon mérite, que peu perfuadé de la vertu
des dames ; fort réfolu, en cas qu'il rencontrât
quelques-uns de ces prétendus phénomenes,
de ne point s'opiniâtrer à perdre fon temps en
foupirant pour leurs beaux yeux, mais continuant à cacher foigneufement ces fentimens, il
ne paroiffoit pas moins aimable.

Sa mere, qui l'avoit éloigné d'elle en fortant de l'académie, le trouva changé avantageufement : il étoit devenu fort grand, & s'étoit façonné de forte qu'elle fut ravie de le revoir fi bien fait. Son efprit répondant à fa bonne mine, il ne lui manquoit rien pour plaire, & elle le reçut avec toute la joie poffible, ne fe pouvant laffer de le regarder.

Il y avoit trois jours qu'ils étoient à Paris, fans qu'il eût fongé à fortir. Les careffes de la marquife & la tendreffe qu'il reffentoit pour une fi bonne mere, l'occupoient uniquement ; de façon qu'il n'avoit pas encore eu le temps de prendre aucunes mefures pour arranger fes plaifis, n'ayant alors nulle connoiffances propres à y contribuer. Les amis de fon âge qu'il avoit laiffés en partant, ignoroient fon retour, lorfque le hafard fembla lui offrir une occafion de mettre en pratique les confeils de fon valet de chambre.

Un matin, où il étoit encore au lit, Dupuy, ouvrant fon rideau précipitamment, le tira par le bras, & l'éveillant avec une familiarité à laquelle il étoit accoutumé : mon maître, lui dit-il, d'un air fatisfait, levez-vous au plus vîte, & rendez grace à la fortune du bonheur qu'elle daigne vous offrir. Voici une de fes faveurs, la plus agréable qui vous puiffe jamais arriver.

Le marquis, furpris de cette boutade, lui

demanda s'il étoit devenu fou , & ce qui pouvoit l'obliger à venir interrompre son repos avec
tant d'extravagance.

Eh ! bon, bon , reprit Dupuy en riant , il
est bien question de dormir à votre âge, quand
votre bon génie a conduit chez vous ce que
peut-être nous n'eussions pas pu rencontrer
dans tout Paris.... Enfin , un trésor charmant.

Quel est donc ce trésor précieux , dit-le
marquis en riant aussi, & de quelle espece est-
il ? Morbleu, s'écria Dupuy, c'est une maîtresse telle qu'il vous la faut ; elle est belle
comme l'amour ; elle ne fait que de sortir de
l'enfance. Ce qu'il y a de meilleur , c'est que,
suivant les apparences , elle n'a ni assez de
naissance , ni assez de richesses pour regarder
vos bienfaits & vos prétentions avec indifférence. Mais , continua-t-il en lui présentant sa
robe de chambre , venez promptement la voir ;
car pendant que nous perdrons le temps à rai-
sonner, cette belle enfant pourroit s'en aller ;
& ne sachant qui elle est , ni d'où elle vient,
j'aurois beaucoup de peine à la retrouver.

Voilà, dit en raillant le jeune d'Astrel, une
connoissance fort avancée, & une bonne fortune bien assurée. Dis-moi donc, je te prie , par
où tu as jugé qu'elle seroit d'une humeur aussi
accommodante que nous le désirons.

Je le juge par conjecture , répartit Dupuy.
Elle est jeune , belle , & paroît d'une condition

affez obfcure : vous êtes aimable , riche & li-
béral ; voilà fur quoi je fonde més préjugés , &
fur quoi je crois avoir plus fujet de compter le
marché fait , (fuppofé qu'il vous convienne ,)
que vous n'en avez d'appréhender des obftacles
qui , s'ils vous épouvantent , prouvent que vous
êtes bien timide. Croyez-en mon expérience ,
monfieur , continua-t-il , il n'eft point de places
affez bien fortifiées pour être imprenables , &
ce n'eft ici qu'un hameau fans défenfe.

En tenant ces difcours , il avoit tant fait ,
qu'il avoit mis fon maître en état de defcendre ,
& qu'il l'entraînoit en bas, lófqu'en paffant près
de l'entre-fol où lògeoit mademoifelle de la
Mothe , demoifelle de la marquife , il entendit
chanter cette fille , qui avoit la voix fort belle ,
& que l'on accompagnoit du clavefin.

Il s'arrêta fans bruit à la porte , qui étoit
entr'ouverte , où il vit, dans une glace vis-à-vis
du clavefin , que ce n'étoit pas mademoifelle
de la Mothe qui l'occupoit , mais une jeune
perfonne qui chantoit en s'accompagnant elle-
même.

Comme elles avoient les yeux fur leur mufique , elles ne remarquerent point le marquis ,
& il eut le temps de confidérer cette inconnue,
qu'il jugea , à fon habillement champêtre , devoir être celle que Dupuy lui avoit annoncée,
mais qui lui parut infiniment au-deffus des
louanges qu'il venoit de lui donner.

C'étoit une beauté parfaite , blonde , fans tomber dans l'air fade qu'on leur reproche en général. Ses traits réguliers avoient une délicateffe qui en augmentoit les graces. Ses mains étoient faites en perfection & d'une blancheur éblouiffante ; mais ce qu'il y avoit. encore de plus flatteur , tant d'attraits ne paroiffoient pas avoir plus de quinze ans.

Le marquis, enchanté de cette belle fille , s'avança doucement , & s'appuyant fur le dos de fa chaife, il y auroit paffé le jour en contemplation , penfant , fur les efpérances que Dupuy venoit de lui donner , qu'il alloit être poffeffeur de fes appas. Quand leur mufique fut finie , elle leva les yeux fur le miroir , & fut extrêmement furprife d'appercevoir M. d'Aftrel derriere elle.

Elle abandonna le claveffin avec précipitation, & fe leva en rougiffant , voulant fe retirer ; mais il la retint. Où voulez-vous aller , la belle enfant , lui dit-il ? pourquoi ceffer un fi agréable concert ? eft-ce moi qui vous y force ? Je vous écoutois pourtant fans bruit , & avec bien du plaifir.

Je n'ai pas mérité votre attention , monfieur , reprit-elle modeftement : mademoifelle de la Mothe a eu la bonté de me faire entrer chez elle en attendant le maître d'hôtel , à qui j'ai affaire ; & comme elle m'a vu jetter les yeux fur un livre de mufique , elle m'a fait l'honneur de me demander fi je la favois :

voyant que j'en avois quelque teinture , & que je touchois un peu le claveffin , elle m'a fait la grace de me faire chanter avec elle ; mais ajouta-t-elle , je ne croyois pas être entendue , & le peu que je fais , ne le mérite pas.

Le marquis la contredit galamment, en lui donnant beaucoup de louanges , après quoi il lui demanda qu'elles étoient les affaires qu'elle avoit avec le maître d'hôtel, & s'il ne lui pourroit pas rendre fervice auprès de lui.

Il eft bien heureux d'être attendu par une fi aimable perfonne , dit-il ; fi j'étois à fa place, loin de lui donner la peine de m'attendre, je quitterois tout avec empreffement pour courir à fes ordres.

Cette jeune fille lui répondit qu'elle étoit de Vincennes , & qu'elle fourniffoit à la maifon le lait, le fruit & les légumes ; que l'on avoit coutume de les payer tous les mois, ce jour étant précifément celui du paiement ; qu'en arrivant elle avoit trouvé M. le maître prêt à fortir ; qu'il l'avoit invitée à refter jufqu'à fon retour; mais que ne voulant pas demeurer parmi les domeftiques, elle avoit pris la liberté de venir faluer mademoifelle de la Mothe , en la priant de permettre qu'elle reftât près d'elle pour attendre fon retour.

Quoi ! s'écria M. d'Aftrel avec étonnement, vous êtes laitiere & fruitiere ? eft-il poffible que le fort vous ait placée dans un état fi bas ?

Ah! il y a une injuftice manifefte à cette difpofition; car, avec tant de charmes, vous mé-
ritez d'être dans le rang le plus diftingué, &
de voir l'univers à vos pieds. Continuant fur ce
ton, il lui dit mille douceurs, qui, fans paroître la flatter, la déconcerterent entiérement.
Sur-tout elle rougit, lorfqu'il parut étonné de
la voir réduite à vendre des légumes. & du
fruit, & fut quelque temps fans répondre.
Mais enfin s'étant un peu remife : je n'ai point
été inftruite, dit-elle, à foutenir de pareilles
converfations; ainfi, monfieur, je ne puis vous
dire rien autre chofe, finon que la providence,
qui m'a placée dans la condition où je fuis,
m'en tirera fi elle le juge à propos ; & en cas
qu'elle m'y laiffe, j'y refterai fans murmurer.

J'y vis, ajouta-t-elle, avec autant de tranquillité que d'innocence ; j'y fuis fatisfaite, &
le plus grand des chagrins qui m'arrivent, c'eft
lorfque je fuis obligée d'attendre ; mais les
comptes que j'ai à faire ici font faciles à remettre, & ce fera pour demain, parce que je
ne pourrois refter aujoud'hui davantage, fans
que ma mere fût inquiete de mon retardement:
c'eft pourquoi, avec votre permiffion, je vais
me rendre auprès d'elle.

Elle le falua, & voulut fortir ; mais mademoifelle de la Mothe, qui s'apperçut du plaifir
que le marquis prenoit à la voir, (croyant qu'il
étoit fans conféquence de le favorifer dans cet

amufement) dit à la petite marchande , qu'elle
la prioit d'attendre encore quelques inftans ,
parce que fi elle partoit fans être payée , madame la marquife fe fâcheroit contre le maître
d'hôtel, ayant coutume de fe faire préfenter
tous les mois les comptes de la dépenfe de fa
table ; qu'elle devoit les examiner ce même
jour , & qu'elle ne manqueroit pas de trouver
mauvais qu'il eût laiffé les articles en blanc ,
ajoutant qu'il ne pouvoit pas tarder.

Ces raifons n'auroient pas été fuffifantes pour
retenir la villageoife ; les douceurs que lui difoit le marquis , l'embarraffoient trop ; & malgré les inftances de mademoifelle de la Mothe ,
elle alloit partir, quand le maître d'hôtel parut.
Elle fut à l'office avec lui ; & le marquis l'y
ayant fuivie , la vit remonter fur fa petite charrette d'ofier , après avoir reçu fon argent , fans
daigner prefque le compter , tant elle étoit
preffée de partir. Il rentra dans fon appartement fi charmé d'elle , qu'il ne pouvoit parler
d'autre chofe.

Vous me devez bien des remercîmens , difoit Dupuy ; je vous ai trouvé une jolie maîtreffe. Elle eft charmante , reprenoit le marquis ; mais je ne fais encore fi je pourrai l'apprivoifer , & fi elle voudra m'aimer.... Vous
voulez , dit brufquement Dupuy , mettre en
doute une chofe qui n'en a point ; parbleu , elle
feroit bien délicate. Le marquis , accoutumé à

plaire, n'eut pas de peine à se laisser persuader ;
& ne s'occupant que de l'espérance de la revoir, il attendit le lendemain avec impatience,
étant persuadé qu'il n'auroit qu'à parler pour
être heureux.

Il avoit destiné cette journée à faire des visites, & à rechercher les anciens amis avec qui
il avoit fait ses exercices. Il en rencontra plusieurs, qui, se connoissant tous, firent une
partie pour aller souper à la petite maison d'un
d'entr'eux. Elle étoit dans un des plus agréables fauxbourg ; & comme la liberté régnoit
en ce repas, chacun tourna la conversation suivant son génie ; l'assemblée étant composée de
jeunes cervelles, & par hazard n'ayant ce soir-là point de dames, elle roula entiérement sur
leur compte. Les bonnes fortunes vraies ou
fausses n'y furent point épargnées ; chacun conta
les siennes, ou en inventa.

On invita le marquis à parler de ses conquêtes
de voyage, & à dire son sentiment sur les femmes des différens pays d'où il venoit : il auroit
pù réciter beaucoup d'aventures galantes, sans
avoir la peine de les inventer ; mais on prenoit
mal le temps. Uniquement occupé de la belle
laitière, il ne parla que légérement de toutes
celles dont il avoit été aimé, pour s'entretenir
à son aise de cette derniere, dont il vouloit
l'être, & leur dit que ce même jour il venoit
de trouver une petite fille à bavolet, qui sur-

paſſoit ce qu'il avoit jamais vu de beau, ne leur
cachant point ce qu'il vouloit faire en ſa faveur, & à quel point il comptoit être heureux.

Ses amis le féliciterent, l'applaudirent, en-
vierent ſa bonne fortune, & burent à la ſanté
de la belle. Une bonne partie de la nuit fut
employée à en parler, à délibérer du lieu où
il la mettroit, de même que des ajuſtemens
qu'il lui donneroit ; car ſur la bonne foi de
Dupuy & celle de ſon amour propre, il ne
vouloit pas douter un moment qu'elle n'ac-
ceptât ſes bienfaits.

Il ne put décider s'il lui établiroit d'abord un
carroſſe, dans l'appréhenſion que cette intrigue
venant aux oreilles de ſa mere, ne lui déplût.
Mais cette ſage compagnie l'exhorta à ſe ſatiſ-
faire, en lui repréſentant qu'il n'étoit plus un
petit garçon, & que c'étoit gâter les parens
que de leur donner la mauvaiſe habitude de
dominer ſur leurs enfans.

Après cette belle déciſion, qui étoit paſſée
d'une voix unanime, on ſe ſépara ; mais comme
il étoit déjà grand jour, quand le marquis ſe
coucha, il ne put être éveillé aſſez tôt pour
voir ce jour-là ſa chere laitiere. Dupuy ayant veillé
auſſi tard que ſon maître, étoit auſſi profondé-
ment endormi, & ne ſe ſouvenoit ſeulement
pas qu'il y eût de laitiere à Vincennes ; de ſorte
qu'elle vint porter ſes denrées, & ſe retira ſans
avoir apperçu le maître ni le domeſtique. Il eſt

vrai qu'elle ne fut à l'hôtel que le temps qu'il lui fallut pour faire vider fa charrette, & qu'elle s'en retourna fans avoir cherché à voir mademoifelle de la Mothe, comme elle avoit coutume.

Lorfque le marquis fût éveillé, il fut extrêmement mortifié d'apprendre qu'elle étoit partie ; car il fe flattoit que fes cajoleries de la veille l'auroient engagée à refter plus longtemps, comptant qu'elle devoit être auffi fatisfaite de le voir, que d'en être gracieufée, & il penfa trouver mauvais qu'elle lui eût manqué au refpect par ce départ précipité qu'elle devoit juger qui lui déplairoit.

Cependant, comme leurs conventions n'étoient pas encore faites, il calma un peu fon dépit ; & l'excufa fur l'ignorance où elle pouvoit être des bonnes intentions où il étoit en fa faveur ; mais fon chagrin en retomba fur Dupuy, à qui il fit des reproches de ne s'être pas trouvé à portée de lui parler. Ce garçon, qui étoit ingénieux à inventer ce qui pouvoit flatter fon maître, lui dit, d'un air joyeux, que d'abord il avoit cru la petite fille plus fimple ; mais que ce tour d'adreffe lui en donnoit une opinion différente, & que l'affectation qu'elle avoit fait paroître en fe retirant fi vîte, étoit une preuve manifefte qu'elle entendoit fineffe comme la coquette la plus raffinée ; qu'ayant compris qu'elle lui plaifoit, elle avoit pris le

parti

parti d'en ufer de la forte pour l'enflammer davantage par des difficultés affectées.

Le marquis le crut facilement ; mais il eût
mieux aimé que cette jeune fille lui eût donné
à la franquette les moyens de l'entretenir. Ce
retardement lui donna de l'humeur contre Dupuy : il trouvoit, par réflexion, quil avoit eu
grand tort d'avoir dormi ; au lieu d'attendre le
moment où elle devoit arriver. Mais accoutumé
aux vivacités de fon maître, le domeſtique ne
fit que rire de cette colere, qu'il favoit bien
ne devoir pas durer. Il lui promit pourtant de
faire mieux fentinelle à l'avenir.

Cette journée parut au marquis d'une longueur infupportable ; & quoiqu'il l'employât à
des plaifirs différens, il n'y en eut aucun capable de le diftraire du fouvenir de la petite
laitiere ; & craignant que le fecond jour elle
ne lui échappât, comme elle avoit fait la veille,
il fut le premier levé de la maifon. Il avoit déjà
fait plus de deux mille tours dans fon appartement, quand on vint, fuivant fes ordres, l'a-
vertir de fon arrivée.

Il courut à l'office avec empreffement, où il
la trouva avec le maître d'hôtel, qui, pour obéir
aux ordres de fon jeune maître, l'amufoit en
comptant le plus lentement qu'il pouvoit les
pieces qu'elle avoit apportées. Le marquis
feignant de s'y rencontrer par hazard, fit l'é-
tonné ; & lui témoigna beaucoup de joie de la

voir, tandis que le maître d'hôtel, qui s'apperçut qu'il desiroit de rester seul avec elle, supposa une nécessité d'aller parler à madame la marquise. Mais cette jeune fille, qui avoit attention à ses mouvemens, lui voyant faire celui de sortir, voulut absolument le suivre, & M. d'Astrel fit de vains efforts pour l'arrêter. Elle s'en seroit allée malgré ses supplications, si mademoiselle de la Mothe n'eût passé dans ce moment auprès de l'office.

Le marquis voyant qu'il ne pouvoit la retenir que par le secours de la demoiselle de sa mere, l'appella. Elle entra, & saluant la belle villageoise, elle rallentit par sa présence le dessein qu'elle avoit de partir si promptement, & la fit consentir d'attendre que tout fût compté. Mais le marquis n'en fut pas plus avancé; car elle répondit peu de chose à tout ce qu'il lui dit d'obligeant, ne parlant que pour témoigner l'impatience où elle étoit de s'en aller, en laissant comprendre, sans équivoque, que les douceurs du marquis l'embarrassoient, & que loin de les trouver agréables, elles étoient infiniment à charge. Enfin, il se vit contraint de ne la pas retenir davantage, ayant beaucoup moins sujet d'être content de cette seconde entrevue, qu'il n'en avoit eu de la premiere.

Dans le chagrin que cet événement lui causoit, il en fit ses plaintes à Dupuy. Je ne sais ce que cela veut dire, lui dit-il; mais j'appré-

hende de perdre mon temps auprès de cette
petite fille. Il eſt peu de femme à qui j'aie fait
autant d'avances, ſans les trouver portées à
m'écouter par goût ou par curioſité, & même
elles ont ſouvent fait la moitié du chemin,
tandis qu'une ſimple payſanne ſemble être au
déſeſpoir de me voir.

Eh ! monſieur, diſoit Dupuy, ne voyez vous
pas que c'eſt un manege, & qu'elle ſent qu'un
peu de réſiſtance vous animera ? Vous ignorez
que la difficulté eſt la rocambole de l'amour.

Dupuy avoit beau dire, le marquis ne trouvoit pas cette rocambole de ſon goût; mais ſon
valet de chambre lui tenoit des diſcours ſi flatteurs
ſur l'impoſſibilité qu'il y avoit à ce qu'il fût
malheureux en cette inclination, qu'il ſe laiſſa
perſuader, & qu'il réſolut de perſiſter dans ſon
deſſein, en continuant ſes empreſſemens auprès
de l'aimable Flore; car il avoit appris qu'elle
ſe nommoit ainſi.

Il ne manqua pas à l'attendre & à l'entretenir
pendant plus de quinze jours. Mais il lui fût im-
poſſible de la voir ſeule, ni de lui parler plus
long-temps que les momens employés à vider
les divers paniers qui étoient ſur ſa charrette;
à quoi elle aidoit avec une diligence qui réparoit
la lenteur du maître d'hôtel & des officiers de cui-
ſine, paroiſſant plus embarraſſée que contente
de l'affectation du marquis à ſe trouver ſi exactement à ſon arrivée; & par ce moyen le ſé-

jour qu'elle faifoit en ce lieu, étoit fi court,
qu'elle s'épargnoit la peine de lui répondre.
Cette perfévérance continuelle à l'éviter décon-
certa le marquis. Il s'en plaignit amérement à
Dupuy, fembiant avoir envie de fe prendre à
lui du peu de progrès qu'il faifoit auprès de
Flore, & du deffein de lui plaire qu'il lui
avoit infpiré, en le lui repréfentant auffi aifé à
exécuter.

Ce garçon, qui n'avoit jamais vu fon maître
fi chagrin, ni fi vif, craignant de perdre fa
confiance, s'il ne réuffiffoit pas, & regardant
comme une affaire d'honneur le fuccés de celle-
là, lui promit de lui faciliter un tête-à-tête avec
Flore, & lui dit que ces fortes de perfonnes
n'étant pas en droit d'exiger d'un homme comme
lui les ménagemens qu'il devroit à une fille de
qualité, il n'auroit qu'à lui faire fes propofitions
d'une façon affez preffante & affez infinuante,
pour la déterminer, ne doutant point qu'elle
n'en fût auffi éblouie que fatisfaite ; qu'à la vérité il avouoit que ce procédé n'étoit point con-
forme à la fine délicateffe ; mais qu'il n'en étoit
pas queftion en cette occafion, & qu'il devoit
faire réflexion qu'il lui conviendroit peu d'enri-
chir le roman d'Aftrée d'un volume nouveau ;
qu'au pis aller, fi elle étoit affez fotte pour
refufer fa fortune, ce feroit tanpis pour elle,
puifqu'il feroit facile d'en trouver mille autres

qui la vaudroient , & qui ne feroient pas fi difficiles.

Ce beau raifonnement ne faifoit pas le compte du marquis. Son cœur commençoit à s'intéreffer à l'aventure ; fans qu'il s'en apperçût. Il vouloit bien là trouver affez peu délicate & affez peu vertueufe pour fouffrir qu'il fît de la dépenfe pour elle & pour l recevoir fes préfens ; mais il vouloit auffi lui plaire ; & fouhaitoit de ne pas devoir les faveurs qu'il en obtiendroit à fa feule libéralité : au contraire , il defiroit qu'elle ne reçût fes bienfaits que parce qu'ils partiroient d'une main chérie.

Cependant, cherchant à fe confoler dans l'efpérance d'en être aimé en fecret , il fe difoit , d'après Dupuy , que le peu d'empreffement qu'elle lui témoignoit , venoit moins de ce qu'il ne lui plaifoit pas , que de fa timidité , qui faifoit qu'elle étoit effrayée , en fe voyant cajolée par un homme comme lui , attribuant à cette raifon le filence qu'elle gardoit.

Il crut donc que pour la déterminer & pour l'apprivoifer , il étoit temps de joindre aux agrémens de fa perfonne une preuve des avantages qu'elle pouvoit tirer de fa générofité.

La difficulté de l'entretenir affez long-temps pour lui bien expliquer l'excellence des vues qu'il avoit pour fa fortune , lui parut extrême ; car elle étoit devenue fi farouche , qu'elle n'entroit plus dans-l'hôtel , & qu'après avoir frappé

à la porte , elle difoit au premier domeftique
qu'elle appercevoit , d'avertir. à l'office que l'on
vînt vider fes paniers pendant qu'elle iroit faire
des emplettes ; & quand elle ne trouvoit perfonne à qui parler , elle laiffoit fa voiture en
garde au Suiffe , ne revenant que fi long-temps
après , qu'il auroit été impoffible de dire que
l'on n'avoit pas eu le temps de prendre fa mar-
chandife ; mais le brave Dupuy , fertile en expédiens , leva cette difficulté , en lui faifant dire
par le Suiffe , que mademoifelle de la Mothe
l'attendoit dans l'orangerie , ayant des ordres à
lui donner pour des fleurs dont elle vouloit faire
un bouquet pour madame la marquife , dont la
fête arrivoit le lendemain.

Flore , à qui tout étoit devenu fufpeƈt , balança fi elle iroit ; mais comme ce lieu étoit
éloigné de l'appartement du marquis ; qu'un
laquais avoit dit à fon camarade , fans paroître
fonger à elle , que fon maitre étoit rentré à fix
heures , & qu'il y en avoit à peine une qu'il étoit
couché ; ce difcours , qui ne fembloit avoir été
fait qu'au hafard , faifant fon effet , l'obligea
d'entrer avec confiance où elle croyoit trouver
la demoifelle , & où elle fut fort furprife de ne
rencontrer que le marquis , que l'on venoit de
dire qui étoit couché , fans y voir celle qu'elle
cherchoit.

Elle fit un cri en l'appercevant , & voulut
fortir ; mais il la retint , & la pria de l'écouter.

À quoi cette jeune personne ne pouvant confentir, eut cependant la prudence de diffimuler une
partie de la terreur que lui caufoit cette aventure.

Que me voulez-vous, monfieur, lui dit-elle ?
que prétendez-vous que je vous réponde ? & en
quel lieu m'attirez-vous pour me parler ? je ne
puis vous écouter, tant que je ferai en cet endroit. Si quelqu'un m'y voyoit feule avec vous,
je ferois perdue. Laiffez-moi fortir, ajouta-t-
elle, & quand je ferai dans le jardin, où nous
ferons à la vue de tout le monde, comme le
hafard peut m'y avoir fait rencontrer avec vous,
je vous écouterai à votre aife.

D'Aftrel voulut envain la raffurer, & fermer
la porte pour empêcher, difoit-il, que perfonne ne la vît ; mais elle s'y oppofa fortement,
& lui déclara que s'il perfiftoit en cette intention, elle alloit faire des cris qui feroient venir
toute la maifon à fon fecours.

Cette menace eut un plein fuccès : le marquis
en fut effrayé, parce que l'appartement de fa
mere étoit tout proche, & il n'avoit point envie
qu'elle fût ce beau projet. Il ceffa de la retenir,
& l'affura qu'elle n'avoit rien à craindre, puifqu'en l'attirant en ce lieu, il n'avoit eu d'autre
intention que de lui dire deux mots à fon avantage, & que fon unique deffein avoit été de lui
apprendre qu'il l'aimoit à l'adoration, & qu'il
avoit réfolu de la rendre heureufe, en la tirant

de la misérable situation où elle étoit ; que pour lui prouver la sincérité de sa tendresse, il la vouloit mettre dans un bel appartement, lui donner des meubles, des bijoux, des domestiques & des habits à son choix, avec un beau carrosse. Et pour preuve que je vous parle de bonne foi, ajoutat-t-il en tirant sa bourse, prenez ceci en attendant, pour arrhes de mes bons desseins. Il n'y a que cent louis ; mais je vous promets en honnête homme de ne me pas borner à si peu de chose, & d'exécuter exactement la parole que je vous donne.

Quoique la jeune Flore ne l'interrompît point, elle ne l'en écoutoit pas plus attentivement, étant uniquement occupée du moyen de lui échapper ; mais voyant qu'il ne lui seroit pas facile de sortir de l'orangerie sans faire un bruit qu'elle desiroit d'éviter, ignorant que le marquis ne l'appréhendoit pas moins qu'elle-même, elle prit le parti de dissimuler ; & sans témoigner que foiblement son inquiétude, elle refusa cet argent, en lui disant, qu'elle étoit moins intéressée qu'il ne le croyoit, & qu'elle ne lui demandoit rien autre chose que de lui permettre de passer dans le jardin, où ils pourroient parler aussi commodément, & où elle seroit moins alarmée. Il voulut en vain la retenir, l'obliger au moins à recevoir sa bourse ; il ne put obtenir ni l'une ni l'autre de ses demandes. Elle gagna enfin la porte ; & à peine fut elle dehors, qu'elle

s'enfuit avec tant de précipitation, qu'elle tomba
au pied de la terraffe qu'il falloit paffer pour
arriver à la cour.

Mademoifelle de la Mothe parut en ce moment, & courut lui aider à fe relever ; elle
s'étoit fait un peu de mal à une jambe ; malgré
cela elle vouloit partir fans s'arrêter pour y mettre du remede, étant fi en colere, qu'elle fuyoit
également tout le monde ; mais cette perfonne
lui fit tant d'honnêteté, lui jura d'un air fi fincere qu'elle n'avoit nulle part à la fupercherie
qu'on lui avoit faite, qu'enfin Flore s'adoucit,
& refta un moment avec elle. Pendant qu'elle
lui demandoit des fleurs dont elle avoit véritablement affaire, Flore lui répondit qu'elle pouvoit compter qu'elle en auroit, mais que ce
feroit fa mere qui les lui apporteroit, parce
qu'elle ne vouloit jamais remettre le pied dans
une maifon où il n'y avoit pour elle ni repos ni
fûreté.

Mademoifelle de la Mothe ne pouvoit blâmer
fa colere : elle étoit véritablement innocente de
cette aventure, & trop honnête fille pour y
donner un lâche applaudiffement : elle avoit dit
la veille qu'elle vouloit parler à Flore pour le
bouquet de madame la marquife, & avoit
donné ordre qu'on l'avertît quand elle viendroit.
Ce fut fur ce plan que le maître d'hôtel & les
autres domeftiques moins fcrupuleux, avoient

projeté la fupercherie qu'ils vouloient faire en faveur de leur jeune maître.

Mademoifelle de la Mothe avoit bien eu la complaifance pour le marquis de retarder le départ de Flore la premiere fois qu'il la vit, parce qu'elle ne penfoit pas qu'il y eût aucune conféquence à lui donner cette petite fatisfaction ; mais ce n'étoit qu'en ignorant des deffeins criminels, qui fe manifeftoient trop alors pour qu'elle les pût méconnoître. Elle avoit de la vertu, & digne de l'amitié & de la confiance de la marquife ; elle fe propofa de faire une vive réprimande au jeune homme, de même qu'à tous ceux qui trempoient dans le complot, raffurant le plus qu'elle put la villageoife : elle lui promit qu'elle n'auroit plus fujet de fe plaindre de la forte, en lui apprenant que le marquis devoit partir le même jour pour aller en Champagne voir le commandeur d'Aftrel, fon oncle, d'où il ne devoit revenir de quinze jours ; & elle lui dit qu'elle pouvoit apporter les fleurs fans crainte de le rencontrer.

Cependant Dupuy avoit toutes les peines imaginables à confoler fon maître : il étoit étonné qu'après tant d'expérience du pouvoir de l'argent & des graces du marquis, l'un & l'autre échouaffent auprès d'une petite payfanne, & il fe flattoit que s'il parvenoit à lui parler, il la convaincroit de fes avantages ; mais pour y réuffir, il auroit fallu l'entretenir à fon aife,

& il ne devoit pas espérer de l'engager à l'écouter dans l'hôtel, où tout étoit devenu suspect à
cette belle.

Songeant donc à l'attirer dans une maison
étrangere, il gagna la femme de charge, qui,
étant fort intéressée, ne put résister à l'appas
de quelques louis ; & aux promesses qu'il lui fit
de la part de son maître d'en recevoir de plus
gros présens.

Elle achetoit souvent des fleurs, & n'avoit
point eu de part à la trahison qui venoit d'être
faite à Flore, n'y ayant point paru. Cette jeune
fille n'avoit nul sujet de s'en défier, & ne crut
d'aucune conséquence de lui promettre d'aller
avec elle au baptême de l'enfant d'une de ses
amies, qui devoit se faire à la barriere de Cha-
ronne : elle disoit qu'elle seroit la marreine. Il
lui fut d'autant plus aisé de la faire consentir à
cette partie, qu'ayant apporté les fleurs à mademoiselle de la Mothe, elle n'avoit vû ni le
marquis, ni ses gens, & qu'elle le croyoit parti,
comme en effet il l'avoit feint pour tromper la
demoiselle de sa mere, appréhendant qu'elle ne
l'avertît de ce qui s'étoit passé, s'il s'obstinoit à
inquiéter la jardiniere : il est vrai que pour avoir
la commodité de revenir, sans qu'il y parût
d'affectation, il ne dit point qu'il alloit chez le
commandeur, mais à une partie de campagne,
qui ne dureroit que vingt-quatre heures au plus,
& qui ne suspendroit que d'un jour son autre
voyage.

Flore ayant ainfi donné dans le piege que la femme de charge & Dupuy lui tendoient, fut ravie de cette occafion de fe divertir, la regardant fans conféquence ; ce qui fit qu'elle s'en alla, après lui avoir donné fa parole de fe trouver le lendemain matin dans la maifon de l'accouchée, qu'elle lui avoit indiquée, & où elles devoient déjeûner avant que d'aller à l'églife.

Tout étant ainfi difpofé, Dupuy, qui n'avoit point changé de fentiment fur le défintéreffement de la payfanne, & qui ne doutoit point que ce refus ne fût un ftratageme pour s'attirer de plus grandes libéralités, jugea que fi on trouvoit le moyen de lui faire accepter les cent louis, en lui donnant des efpérances encore plus fortes, elle feroit contente ; & pour en faire l'épreuve, il fit cacher cet argent au fond d'un de fes pots au lait, parmi quelques bagatelles qu'elle avoit achetées pour remporter chez elle. Il penfoit que fi elle le gardoit, comme il s'en flattoit, ce feroit un acheminement à ce qu'il defiroit ; mais, au contraire, que fi elle s'obftinoit à vouloir le rendre, il faudroit qu'elle vît le marquis, & que peut-être ce dernier entretien produiroit un meilleur effet que les précédens.

Il efpéroit encore que fi la mere voyoit cette fomme, elle feroit moins fcrupuleufe que fa fille, & qu'une telle libéralité lui feroit ouvrir les yeux fur l'avantage qu'elle y trouveroit ; enfin,

enfin, que de quelque façon que les choses
tournaffent, elles ne pourroient être que favorables à fon maître.

Tandis que Dupuy employoit tous les refforts
de fon efprit à méditer ces beaux projets, Flore
s'en alloit fans rien foupçonner, & fans fe douter
du tréfor qu'elle emportoit, fort convaincue
que le marquis avoit rénoncé au deffein de la
tourmenter, & qu'il ne penfoit plus à elle.

Etant rendue chez elle, & fe trouvant fatiguée, elle laiffa le foin à fa mere & à la vieille
Nicole, leur fervante, de débarraffer fa voiture.
Cette premiere ayant voulu vider ce qui étoit
dans le pot au lait, fut extrêmement furprife d'y
trouver la bourfe du marquis ; elle la montra à
fa fille, qui la reconnut à l'inftant, & qui ne
fut pas moins étonnée, après s'être flattée que
c'étoit une affaire finie.

Elle lui avoua toute l'hiftoire, en difant
qu'elle n'avoit ofé lui en parler de peur de lui
faire de la peine, croyant avoir répondu aux
perfécutions de M. d'Aftrel, d'une façon fuffifante pour les faire ceffer, fans lui en donner l'inquiétude, regardant comme une néceffité prefque indifpenfable qu'elle continuât à porter leurs
denrées à l'hôtel d'Aftrel, tant que la maladie
de Nicole dureroit. Cette domeftique s'étoit
bleffée à une épaule, en voulant porter dans le
jardin une charge trop lourde, & depuis trois
femaines qu'elle n'avoit pu aller à Paris, Flore

Partie I.   D

avoit été contrainte de marcher à sa place.

Cette mère, nommée madame Maronville,
fut si touchée du récit de sa fille, qu'elle ne put
retenir ses larmes, en pensant aux affronts où la
mauvaise fortune exposoit les personnes les plus
vertueuses, en rendant toute fois assez de justice
à la jeune personne, pour être persuadée
qu'elle ne s'étoit pas attirée cette insulte par sa
mauvaise conduite.

La pauvre Nicole, aussi mortifiée que la mere
& la fille, les consoloit de son mieux, en leur
disant que cela n'arriveroit plus, puisqu'avant le
retour du marquis elle seroit guérie & en état
d'aller à Paris, pour épargner à Flore la peine
de *fréquenter* plus long-temps cette dangereuse
maison ; mais elle ajouta, qu'il étoit pourtant
nécessaire qu'elle y fût encore quelques jours,
afin de ne point perdre cette *chalandise*, où, en
prenant généralement toute leur marchandise,
on les délivroit de l'embarras & de la fatigue de
les crier par les rues ; qu'il étoit vraisemblable
que cet argent étant mis dans ses pots, le dernier ordre que le marquis avoit donné en partant, seroit aussi la derniere persécution que
Flore recevroit pendant son absence.

La nécessité de suivre l'avis de Nicole dans la
saison de l'année qui produisoit le plus, & où
chaque denrée veut être consommée aussi-tôt
que cueillie, contraignit madame Maronville à
consentir à cet arrangement ; mais quand sa fille

lui eut appris qu'elle avoit promis à Marie-Anne ,
la femme de charge , de faire une promenade
le lendemain avec elle , quoiqu'elle lui expliquât
bien clairement que ce ne seroit pas à l'hôtel ,
mais dans une maison particuliere , qui en étoit
fort éloignée , cette femme , qui avoit de l'esprit ,
& beaucoup plus d'usage du monde que sa condition ne sembloit en annoncer , envisageant en
cette partie un myftere qui étoit échappé à la
pénétration de Flore , & le joignant à l'incident
de la bourfe , elle fit , fur le hafard de ce prétendu
baptême , des réflexions qui ne s'étoient point
préfentées à cette jeune perfonne ; ne doutant
pas que ce ne fût une partie préméditée , elle
réfolut de ne lui en point laiffer courir les
rifques.

Flore n'étoit pas fille unique ; madame Maronville avoit encore un fils de vingt ans , à qui
la nature , plus favorable que la fortune , avoit
donné toutes les perfections qui dépendoient
d'elle ; fa mere ayant cultivé les heureufes difpo-
fitions de fon cœur , la baffeffe de leur état n'in-
fluoit point fur fes fentimens. Il n'en avoit que
de nobles , & il ne put apprendre fans courroux
les efforts que l'on faifoit pour féduire fa fœur.
Ayant fur cette partie les mêmes penfées que fa
mere , non-feulement il la fuppla d'empêcher
Flore de jamais retourner dans un endroit fi
pernicieux , mais encore de ne pas permettre
qu'elle confervât aucun commerce avec des do-

meftiques, qui fans doute étoient tous corrom-
pus, & qui ne fe feroient point un fcrupule de
la facrifier aux defirs de leur maître; ajoutant,
avec émotion, que tout la devoit porter à fuivre
fes avis, parce qu'outre le danger évident qu'elle
pouvoit envifager pour fa fille, il y en avoit
pour lui d'une autre efpece; jurant que fi on
faifoit quelque infulte à fa fœur, rien ne feroit
capable de l'empêcher d'aller poignarder le
marquis, fût-il environné d'une armée.

Madame Maronville, blâmant l'emportement
de fon fils, fans pouvoir blâmer fa crainte, lui
avoua que fes idées étoient conformes aux
fiennes, & l'affura que Flore n'iroit point à ce
baptême, vrai ou fuppofé. Elle n'eut pas de
peine à faire confentir la fille à ne s'y pas trouver : elle frémit du danger où fa fimplicité avoit
penfé la précipiter. Maronville, dont la fureur
augmentoit avec les réflexions, dit qu'il iroit à
fa place; qu'il meneroit un commiffaire rendre
vifite à cette digne accouchée; enfin qu'il de-
manderoit une juftice publique de cet infame
attentat. Mais fa mere moins jeune, moins
violente & plus prudente, calma fa pétulance :
elle le retint, en difant qu'elle-même iroit,
qu'elle y reporteroit la bourfe avec moins d'éclat,
étant prefque fûre d'y trouver le marquis, & fe
propofant de l'engager, par l'inutilité de fes
démarches, à ceffer d'en faire, fans l'expofer à
l'affront de le compromettre avec la police. Ces

ménagemens, étoient ipeu du goût de Maronville ; mais y voyant sa mere absolument déterminée, il fut contraint de céder. Elle partit le
lendemain à l'heure marquée, arrivant précisé-
ment au lieu du rendez-vous sur les sept heures
du matin, suivant la promesse de sa fille. Elle
n'eut aucune peine à trouver la maison, sur les
enseignes que l'on en avoit données par écrit
à Flore.

Le conseil assemblé contre la petite personne,
étoit convenu en l'attendant, que pour ne la
pas effrayer, le marquis ne paroîtroit que vers
le milieu du déjeûner, qui devoit être délicat,
où l'on auroit soin d'avoir sur-tout des liqueurs
fines, & les plus promptes à monter à la tête.
On convint aussi que si elle demandoit à voir
l'accouchée ou l'enfant, on diroit que la mere
dormoit avec son poupard, & qu'on ne pouvoit
pas entrer si-tôt dans sa chambre.

Madame Maronville étant arrivée, entre deux
paniers, sur un petit cheval, dans un lieu où
on ne l'attendoit pas, & où on la desiroit encore moins, ne trouva que Dupuy & la femme
de charge. Ils n'avoient pas compté sur elle ;
mais comme ils espéroient voir arriver Flore,
ils la prirent pour sa fille en la voyant venir de
loin : le couvert étant mis d'avance, on servit le
déjeûner dès qu'elle parut, & ils coururent avec
empressement au devant d'elle.

Comme madame Maronville avoit sa coëffe

fur les yeux, & qu'elle avoit affecté de s'habiller
à peu près comme Floré; Dupuy & Marie-Anne
né s'apperçurent de leur méprise que quand elle
fut à terre , où ils lui aiderent à defcendre.

Jamais la tête de Médufe n'eût pû produire un
effet plus prompt. Ces deux perfonnes resterent
immobiles , en voyant la mere où elles efpéroient
trouver la fille , & ne favoient que lui dire. Mais
fans leur faire connoître qu'elle voyoit leur embarras , elle leur dit que Floré s'étant trouvée
incommodée , & fâchant qu'elle s'étoit engagée
d'accompagner mademoifelle Marie-Anne à un
baptême , elle étoit venue à fa place pour avoir
cet honneur.

Marie-Anne ne favoit que répondre à ce compliment , & fon air interdit auroit fuffi pour
convaincre madame Maronville de la vérité de
fes foupçons , s'il lui en eût encore refté. Mais
Dupuy , que fon féxe rendoit plus hardi , ainfi
que l'habitude qu'il avoit aux intrigues, fe remit
plus facilement. Il la rémercia d'un air fatisfait
de la voir ; mais il lui dit , que l'enfant s'étoit
trouvé fi mal la veille , que l'on n'avoit eu que
le temps de le baptifer fans cérémonie , étant
mort une heure après ; & que la mere étoit fort
mal auffi , ne pouvant voir perfonne. Il ajouta ,
que ce contretemps avoit fi fort occupé tous
ceux de la maifon , qu'ils n'avoient pas fongé à le
leur envoyer dire : c'eft pourquoi, continua-t-il,
nous , qui l'ignorions , fommes venus fans favoir

cet accident ; & le déjeûné que j'avois commandé pour toute la compagnie étant arrivé, nous le mangerons à nous trois ; il ne nous en coûtera rien de plus, puisqu'il est payé.

Il lui dit encore, en affectant un air galant, où la contrainte paroissoit malgré son adresse, qu'il étoit fort touché du mal de mademoiselle Flore, mais qu'il s'en consoloit plus facilement, puisqu'il avoit l'honneur de la voir & de faire connoissance avec elle. Après quoi, étant sorti sous un léger prétexte, il fut instruire son maître de ce fâcheux contretemps.

Le marquis en fut au désespoir ; mais son valet de chambre, qui savoit tourner tout à son avantage, lui représenta d'un ton joyeux, que loin de s'affliger, il avoit tout le sujet de se réjouir de l'amitié de cette femme, qui, sans doute éblouie par l'espoir d'un gros profit, n'étoit venue que pour faire ses conditions.

Ce préjugé, que Dupuy faisoit passer pour une certitude, rendit la bonne humeur à son maître. Il l'envoya se remettre à table, & parut un moment après, feignant, en arrivant de campagne, d'être entré par cas fortuit chez ces gens ; que l'on disoit être des palfreniers de la marquise.

Il parut fort content d'être venu en cette occasion, & dit en riant ; qu'il n'étoit point d'heure plus commode pour arriver que celle d'un bon repas ; ajoutant qu'il mangeroit un morceau avec Marie-Anne, & fa compagnie ; mais ne, voulant troubler personne , il ordonna à Dupuy, de fe raffeoir , n'étant pas jufte , difoit-il , de mettre hors du logis *l'Amphitrion où l'on dine*.

Il fut pendant tout le repas, d'auffi bonne humeur & auffi familier que s'il eût été avec fes égaux. Il fit fur-tout cent politeffes à madame Maronville , qu'il fe fit nommer , feignant de ne pas la connoître ; il la fervoit avec empreffement , en la félicitant d'avoir une fille fi aimable : enfuite , lui parlant d'elle-même , il lui dit des douceurs fur fa beauté & fur fon air gracieux , qui , difoit-il , fentoit fa perfonne de qualité.

. Ces louanges n'étoient prefque pas déplacées ; car , en effet , Flore n'avoit d'avantage fur fa mere que celui de la jeuneffe.

La maniere dont cette femme écoutoit toutes les galanteries du marquis , fembloit lui donner à entendre qu'elle attendoit quelque chofe de plus. Il s'en apperçut , & en tira un bon augure. Pour commencer à lui parler de Flore , il lui demanda comment , étant à la campagne , & avec auffi peu de moyens que fa profeffion en annonçoit , elle avoit pu faire apprendre la mufique à fa fille dans la perfection où elle la favoit , fur-tout l'accompagnement , qui n'étoit pas l'ouvrage d'un jour , ni un exercice de village.

Madame Maronville lui répondit qu'elle ne

vendoit pas du lait & des légumes lorfque Flore
étoit née ; que fon pere avoit eu du bien ; mais
qu'ayant été ruiné par un fatal événement, &
étant mort prefqu'aufi-tôt après ces pertes, elle
s'étoit trouvée trop heureufe d'être recherchée
par un homme de campagne, qui lui avoit aidé
à acheter un petit afyle ; où elle vivoit avec fes
deux enfans & une vieille fervante ; que fon
homme étant mort, & cette domeftique ayant
tombé malade depuis quelques femaines, elle
s'étoit vue obligée d'envoyer Flore porter à l'hôtel les produits de fon jardin que fon fils cul-
tivoit, & celui de fes vaches dont elles avoient
foin ; que c'étoit en quoi confiftoit fon revenu,
qui n'étoit pas fuffifant pour faire une figure
fort éclatante, mais affez confidérable pour les
entretenir tous trois honnêtement dans l'état
borné où il avoit plu au ciel de les mettre.

A ce détail, qui fembloit fait exprès pour
donner au marquis le moyen de s'expliquer,
Dupuy fe félicita d'avoir deviné les fentimens de
cette femme ; & le marquis ayant eu la même
penfée, faifit l'occafion pour lui dire obligeamment qu'elle méritoit un autre fort ; qu'il ne
tiendroit qu'à elle d'en changer. Alors voyant
qu'elle l'écoutoit fans témoigner avoir deffein
de l'interrompre, il continua à lui faire les
mêmes offres qu'il avoit faites à fa fille, lui
expliquant, de la façon la plus avantageufe &
la moins effarouchante qu'il pût imaginer, les

vues & les deffeins qu'il avoit pour Flore. Quoique les regards fixes qu'elle jettoit fur lui le déconcertaffent quelquefois, cependant il continuoit, parce qu'elle fembloit l'écouter attentivement, & même réfléchir à ce qu'il difoit.

Cette apparence lui perfuadant qu'elle approuvoit fon projet, l'enhardit à lui répéter les avantages qu'elles trouveroient l'une & l'autre dans l'amitié & la protection d'un homme comme lui, qui les alloit faire paffer de la mifere à une extrême opulence.

Après avoir redit à fon aife plufieurs fois la même chofe, il attendoit une réponfe; & commençant à s'impatienter du filence qu'elle gardoit, il ceffa de parler, la regardant à fon tour fans rien dire.

Pendant cette fcene muette, Dupuy s'imaginant que fa préfence empêchoit cette femme de s'expliquer, fuivit Marie-Anne, qui, dès le commencement du difcours du marquis, étoit fortie de table fous quelque prétexte. Ils refterent feuls, fans que madame Maronville en témoignât plus de joie ou d'embarras. Mais enfin fon filence ayant affez duré pour donner au marquis le temps de fe défabufer fur la facilité dont il l'avoit cru capable, elle ceffa de fe taire, & prenant la parole : ne croyez pas, monfieur le marquis, lui dit-elle, que j'aie perdu un mot de tout ce que vous avez bien voulu me dire. Je ne vous dirai point que c'eft

la surprise qui m'a empêché de répondre ;
car je vous avoue que je m'attendois à-peu
près à ce que vous m'avez fait entendre ; &
que j'étois perfuadée que je vous trouverois
ici ; mais j'ai cru devoir ne vous point interrompre pour vous donner le temps d'expliquer
vos intentions fans nul détour, afin de pouvoir
de même vous faire entendre les miennes.
Vous n'avez, je crois, ajouta-t-elle, rien de
plus à me dire, & je puis à préfent vous répondre. Non, dit le marquis, un peu ému,
& j'efpère en avoir affez dit pour vous convaincre des intentions favorables que j'ai pour
vous. Eh bien, je commencerai donc, pourfuivit-elle, par convenir qu'il y a quelque chofe de
naturel dans votre façon de penfer. Je ne trouve
pas étrange que vous vouliez faire de Flore une
fille entretenue : la dépravation des mœurs fait
que le même honneur qui oblige les femmes à
la vertu, porte votre fexe à en manquer avec
fcandale, fans que la réputation des hommes en
foit tachée ; ainfi n'étant point en fituation de
corriger cette affreufe licence, je ne prendrai
point la peine inutile de la combattre par une
morale déplacée : au contraire, fuivant ce principe, quoique je fois mere, je ne me piquerai
point d'une modeftie qui ne feroit-pas moins
hors de fa place, & je conviendrai naturellement que vous ne pourriez trouver une perfonne qui valût mieux la peine de vous amufer.

Les intentions que vous m'avez témoignées, ne m'obligent pas à en avoir moins d'estime pour vous, qui, entraîné par la contagion de l'exemple, ne faites rien en cette occasion que ce que tout autre feroit à votre place & à votre âge : ce n'est point non plus pour vous faire des remontrances, qui seroient à contretemps, n'ayant aucune autorité sur vous, ni pour vous offrir des conseils, que l'usage du monde & ma condition rendroient inutiles, que je suis venue ici, & je ne vous ai donné le loisir de me déclarer vos prétentions, que pour vous avertir, avec sincérité, que vous perdiez votre temps auprès de ma fille, & pour vous protester qu'elle n'est pas plus tentée, que moi de profiter de ce que vous nommez vos bonnes intentions. Nous n'avons rien à souhaiter dans l'état borné où nous sommes : la façon dont elle a répondu à l'éducation que je lui ai donnée, me fait connoître, avec satisfaction, qu'elle préféreroit le cercueil au déshonorant honneur que vous croyez lui faire. Quand à moi, qui l'aime si tendrement, que je donnerois mes jours pour conserver les siens, je vous jure que je ne balancerois point à consentir à sa mort, plutôt que de la voir profiter d'une fortune aussi indigne que celle que vous lui offrez.

Croyez-moi, monsieur le marquis, ajouta affectueusement madame Masoeuville, profitez de mon avis, & sans vous amuser à tenter une chose impossible, adressez-vous à des cœurs moins

moins nobles & de meilleure compofition, vous
en trouverez affez ; mais laiffez en repos d'hon-
nêtes perfonnes, qui ne demandent de vous que
la grace d'en être oubliées.

J'ajouterai, dit-elle encore, qu'en vous dé-
-clarant mes fentimens, je vous annonce auffi
ceux de Flore. C'eft de fa part que je vous
rapporte la bourfe que vous lui avez offerte
dans votre orangerie, & qu'elle trouva hier
dans fon pot au lait. Nous vous en rendons grace;
car, fans cette imprudence, qui nous a fait ouvrir
les yeux, elle feroit venue aujourd'hui pour ac-
complir la promeffe qu'elle avoit faite à mademoifelle Marie-Anne, étant perfuadée que vous
étiez abfent, & que vous n'aviez fait les pre-
mieres démarches qui l'avoient allarmée, que
comme un jeune feigneur qui veut fe réjouir
à inquiéter un petite fille de campagne, fans
avoir le deffein de pouffer les chofes à l'extrêmité, ne pouvant croire qu'une fille qui a l'honneur d'appartenir à madame la marquife d'Aftrel,
pût avoir l'ame affez baffe & affez noire pour fe
prêter à cet infame myftere.

En finiffant ce difcours, elle fe leva, pofa la
bourfe fur la table, & fortit en le faluant d'un
air fi fier & fi grave, qu'il n'ofa lui répondre,
ni la retenir ; & rencontrant Marie-Anne, &
Dupuy qui rentroient, elle jetta fur eux un
coup-d'œil d'indigation qui leur fit baiffer les
yeux avec la derniere confufion. Ce trait leur

Partie I.   E

fit connoître, que loin que le marché fût con-
clu, comme ils l'avoient jugé à la tranquillité
dont ils entendoient parler de la chambre pro-
chaine, fans diftinguer les paroles, qu'au contraire rien n'étoit plus éloigné.

Malgré l'étonnement & le chagrin de monfieur
d'Aftrel, il crut indigne de lui de reprendre
cette fatale bourfe, & il courut à la fenêtre la
jetter dans un des paniers du cheval de madame
Maronville; mais quoiqu'il eût fait cette action
avant qu'elle fût dehors, & qu'elle ne l'eût pas
vue tomber, foit par hafard, ou qu'elle s'en
doutât, elle chercha dans la paille; & l'ayant
trouvée, pour ne pas perdre de temps à la
reporter, elle la jetta dans la cave par le foupi-
rail, s'éloignant à la hâte de ce lieu.

Ce fut alors que le marquis demeura immo-
bile. Un défintéreffement fi rare, fur-tout en
une perfonne de cette condition, le défefpéroit.
Le fameux Dupuy ne favoit lui-même où il en
étoit; mais quoique cette fermeté rallentît fon
efpoir, il ne laiffa pas d'en vouloir donner à fon
maître plus qu'il n'en confervoit lui-même.
Voulant le flatter, il effaya à lui perfuader
que ce n'étoit qu'un tour d'habile femme, ce
refus étant, difoit-il, une adreffe pour faire
mieux valoir les complaifances qu'elle auroit par
la fuite. Mais les diverfes efpérances dont il
l'avoit déjà leurré & qui avoient toujours été
confondues, rendoient le marquis un peu incré-

dule.. Cependant il lui promit d'un ton fi affir-
matif qu'il travailleroit avec tant d'adreffe, qu'il
feroit réuffir leur deffein, que fon maître, fe
laiffant encore flatter du fuccès qu'il defiroit fi
ardemment, s'appaifa par ces promeffes.

Dupuy, qui favoit que madame Maronville
demeuroit près de Vincennes, y fut : il n'eut
pas de peine à fe rendre à fa petite maifon. Il
la trouva fimple, mais propre & rangée ; il
entra dans une petite falle baffe carrelée, où
étoient la mere & fa fervante, occupées à mettre
en ordre les crèmes qui devoient être portées le
lendemain à Paris.

Les deux enfans de madame Maronville apportoient les fruits & les légumes dans des corbeilles, tandis qu'elle les arrangeoit. La pré-
fençe de Dupuy les furprit, & Maronville, à qui
il étoit inconnu, lui demanda ce qu'il vouloit.

Quoique ce jeune homme lui eût fait cette
queftion d'un air affez doux, il n'ofa lui dire le
fujet de fon ambaffade, & prétexta fa vifite de
quelque chofe dont il fuppofoit que le maître
d'hôtel l'avoit chargé. Mais comme il eut fa
réponfe en bref, voyant que la converfation ne
pouvoit être prolongée avec des perfonnes fi
laconiques, il fut obligé de prier madame Maronville de paffer dans le jardin, ayant un mot
à lui dire en particulier. Elle le fuivit fans lui
répondrè, mais avec un air qui lui fit prefque
défefpérer de tirer aucun fruit de fon voyage.

«Cependant réfolu à tenter tous les moyens ; il s'encouragea ; & fe voyant feul avec elle ; il lui parla de l'aventure du matin, en lui peignant l'amour extrême que fon maître avoit pour la charmante Flore , lui repréfentant avec tout le pathétique dont il étoit capable , le tort qu'elle feroit à fes enfans, fi elle perfiftoit à refufer les bienfaits d'un jeune feigneur auffi généreux , & qui avoit des intentions fi favorables pour leur avancement. Je fais , continua-t-il , que vous pouvez m'objecter que cette faveur , dont je vous vante les agrémens , peut ceffer auffi-tôt que fon amour fera fatisfait , & qu'une telle fortune auroit trop peu duré pour être fort avantageufe ; mais il feroit facile de vous l'af- furer pour long-temps ; premiérement , en re- cevant manuellement mille louis , & la bourfe que vous avez refufée. J'ai ordre de vous prier de permettre que je les apporte demain au matin ici , en prenant votre moment pour vous faire figner l'acquifition d'une maifon qui fera payée quarante mille livres comptant , que vous choifirez en quel quartier de Paris il vous plaira : elle fera meublée à proportion , & mon maître ne demande à être reçu chez vous comme ami , que quand vous aurez fait une expérience cer- taine qu'il en mérite le nom.

Enfin , pour terminer , au lieu de laiffer votre fils au trifte métier de laboureur , je vous offre , de la part de mon maître , une protection affez puiffante pour le faire parvenir à tout ce qu'il voudra entreprendre....... Allons , madame Maronville , rendez-vous à tant davantages , dit-il , en lui tendant la main d'un air aifé , & ne facrifiez pas votre vrai bonheur à une chimere , qui n'eft non plus d'ufage à préfent que les *pourpoints du roi Guillemot*. .

Quoique le fang froid dont madame Maron-ville avoit écouté le marquis le matin, n'eût pas produit un grand effet , Dupuy fe laiffa encore abufer aux apparences de celui qu'elle faifoit paroître , & il fut entierement convaincu du fuccès de fa harangue par fa réponfe , qui fut fans aigreur.

Elle lui dit tranquillement , que le parti qu'il lui propofoit , intéreffant encore plus fes enfans qu'elle-même , il ne lui convenoit pas de décider fur un tel fujet , fans favoir leur intention ; qu'il falloit les confulter , & qu'elle les aimoit trop pour s'oppofer à ce qui pouvoit leur être avan-tageux, & à ce qu'ils auroient déterminé. A ces mots elle les appella.

Je jardin n'étoit pas affez vafte pour qu'elle eût de la peine à fe faire entendre. Ils vinrent à fa voix. Madame Maronville ayant engagé Dupuy à répéter les mêmes propofitions , qu'il affai-fonna de tout ce qui pouvoit les rendre brillan-tes , leur mere y ajouta qu'elle ne les contrai-gnoit point ; qu'ils pouvoient expliquer libre-

ment leurs fentimens , & être certains qu'elle
s'y conformeroit avec plaifir.

Fiore parlant la premiere, dit à fa mere d'une
voix modeſte, accompagnée d'un regard où on
voyoit la contrainte qu'elle fe faifoit pour ne
pas pleurer , qu'elle n'avoit jamais eu que des
fujets de fe louer de fes bontés ; mais qu'en
cette occafion elle ne pouvoit s'empêcher de fe
plaindre de ce qu'elle s'en relachoit en l'expo-
fant au défagrément d'entendre des propofitions
fi indignes ; ajoutant qu'elle s'étoit flattée d'en
être affez connue, pour qu'elle eût pu répondre
à un auffi infolent propos ; fans avoir hefoin de
la confulter , devant rendre affez de juſtice à fa
fille pour ne la pas croire capable de fe dé-
mentir de l'éducation qu'elle lui avoir donnée....
Ses lármes retenues jufques-là avec peine ,
s'échappant alors , l'empêcherent d'en dire
davantage.

. Madame Maronville l'embraffä ; & regardant
Dupuy en fouriant , elle dit doucement à Flore ,
qu'elle n'avoit pas douté de fes fentimens , mais
qu'elle avoit été bien-aife de les lui faire expliquer fans l'avoir prévenue , afin de ne pas
laiffer croire qu'elle n'étoit vertueufe que par
contrainte.

Cependant le jeune Maronville n'attendit pas
que fa mere lui ordonnât de parler à fon tour ;
& prenant la parole avec une vivacité qui ap-
prochoit fort de l'emportement : vas , infame

trafiqueur , dit-il à Dupuy , vas chercher des malheureuses dignes de tes conseils , & de tes offres ; laisses en paix une fille de vertu , & rends graces à la préfence de ma mere ; le refpeé que j'ai pour elle retient mon courroux : fois sûr que fans cela je te payerois de tes peines d'une façon dont tu ne perdrois jamais le fouvenir. Mais , ajouta-t-il , en élevant la voix , n'abufe pas de ma patience; retire-toi promptement ; pour prix de tes conseils , profite du mien & n'y reviens pas ; car fi je te revois ici , je jure qu'il n'y a point de confidérations capables de m'empêcher de te punir de l'outrage que tu nous fais.

Si le tonnerre fût tombé aux pieds de Dupuy, il ne feroit pas refté plus épouvanté : il auroit voulu répliquer ; mais la fureur qui paroiffoit dans les yeux du jeune homme , lui interdifoit la parole ; d'autant qu'il tenoit à la main un outil de jardin dont il gefticuloit d'une façon qui n'aidoit pas à raffurer M. l'ambaffadeur , qui , fans perdre plus de temps à des difcours qui pouvoient lui devenir funeftes , crut que le meilleur parti feroit de fe retirer & de prendre le chemin de la porte , que Maronville lui montroit avec fa bêche. Quoique l'efpace en fût court , & que la mere , pour le garantir des vivacités de fon fils, eût jugé à propos de l'accompagner , le chemin lui parut fort long , & il fût extrêmement foulagé en fa voyant hors de cette maifon fans accident.

Il regagna Paris, fort confterné & fort en peine de ce qu'il diroit au marquis ; car il n'y avoit plus moyen de traiter cette réfiftance de feinte. Il balançoit s'il fe rendroit auprès de lui ; mais il n'eut pas long-temps à délibérer ; car il le trouva à la porte Saint-Antoine, fon impatience l'ayant amené au-devant de lui avec autant d'empreffement à le revoir, que lui en avoit peu de le rencontrer. Il fe contraignit pourtant ; & cachant fon chagrin, il affecta un air affez gai.

Ma foi, monfieur, lui dit-il, je ne vous apporte que de mauvaifes nouvelles, & j'ai fort mal réuffi ; mais je ne puis envifager ce contretemps comme un malheur ; car je croyois que nous avions affaire à des villageoifes innocentes, & je n'ai trouvé que des folles brutales. Je leur ai fait des offres capables de tenter une princeffe ; mais au lieu de me remercier, elles m'ont accablé d'injures, ainfi qu'un grand pendard, foit-difant frere de Flore, & qui a beaucoup l'air d'un coupe-jarret : ce drôle m'a fait des raifonnemens dignes des petites-maifons ; & fi je n'avois pas eu peur de vous déplaire, je lui aurois appris à parler à un homme qui a l'honneur de vous appartenir. En vérité, ajouta-t-il, vous ferez bien d'abandonner des manans dont la ftupidité eft affez grande pour ne pas connoître leur avantage & l'honneur que vous

leur vouliez faire. Pour moi j'en fuis ravi ; car
ces gaillardes vous auroient ruiné avec leur prétendue vertu : c'eſt une petite perte qui ſera
aiſée à réparer. Dupuy finit par un éclat
de rire.

Le marquis ne trouvoit pas ces raiſons de
ſon goût ; & ne voyant rien de plaiſant dans
cette aventure, loin d'en rire comme ſon valet
de chambre, il fut véritablement affligé de ſe
voir annoncer ſi poſitivement la perte de ſes
eſpérances. Il s'en prit à ſon Mercure, en lui
diſant qu'il ne leur avoit pas aſſez fait connoître les avantages qu'elles négligeoient ; il
lui reprocha encore que c'étoit lui qui l'avoit
engagé à ſe flatter du ſuccès de cette affaire,
comme d'une choſe certaine. Si tu ne m'avois
pas empoiſonné l'eſprit de tes ſottes maximes ;
lui diſoit-il, & qu'elles ne m'euſſent point
perſuadé qu'il n'y avoit aucune vertu chez les
femmes, je ne me ſerois pas abandonné au fri-
vole eſpoir qui m'a ſéduit, & je ne ſerois pas
auſſi malheureux que je vais l'être.

Pouvois-je deviner que le Phénix ne fût point
un être fabuleux, & qu'il nous étoit réſervé
de le trouver, diſoit ce domeſtique ? Il auroit
fallu être ſorcier pour le prévoir. Mais, après
tout, monſieur, pourſuivoit-il ; vous vous fâ-
chez de peu de choſe ; & vous devriez au contraire en être bien aiſe, puiſque ce contre-temps
ſervira à vous dégager : au lieu que, du carac-

tere: dont je vois que ces créatures font , elles
auroient été capables de vous mener peut-être
plus loin que vous n'auriez voulu.

C'eft bien avec un homme comme vous,
continuà-t-il d'un ton impofant , qu'il convient
à des payfannes de penfer à être fages , & à
prétendre qu'il leur faffe l'amour en héros de
roman. Au refte , ajouta-t-il d'un air mépri-
fant , fi cette fille eft un Phénix pour l'humeur , elle ne l'eft pas affurément en beauté ,
& elle ne la doit qu'à fa grande jeuneffe.

D'Aftrel , qui étoit déjà courroucé contre
fon valet de chambre , s'emporta tout-à-fait à
ce dernier trait. Monfieur Dupuy , lui dit-il
avec aigreur , a le goût auffi délicat que le
difcernement jufte : il m'a porté à offenfer des
perfonnes fages par une propofition indigne ;
il voudroit à préfent m'aveugler , en m'obligeant
à croire Flore auffi laide qu'il me l'avoit repréfentée facile.

Peut-on voir , continua-t-il vivement, des
yeux bleus plus doux , & tout enfemble plus
vifs ; il ne les trouve pas apparemment affez
grands , ni fon teint affez beau ? Pour moi,
qui ne fuis point accoutumé comme lui à voir
de belles perfonnes , j'avoue que je n'en ai jamais rencontrées de fi parfaites. Ce qui lui dé-
plaît, c'eft peut-être les foffettes qui fe font à
fes joues lorfqu'elle fourit , ou bien la blancheur , la petiteffe & l'arrangement de fes dens.

N'eft-ce point qu'il trouve fes levres trop ver-
meilles , ou que fa taille eft trop fine , trop
dégagée , & qu'elle marche trop noblement ?
Non , ce n'eft pas cela ; il lui pafferoit ces défauts ; mais un qu'il ne peut tolérer , & qui
lui eft infupportable , c'eft l'innocence & la
pudeur qui brillent dans toutes fes actions :
voilà fans doute ce qui l'a mal intentionné
contre des femmes , de qui les mœurs font fi
oppofées à celles de fes amies : mais , pour
fuivit-il , comme je fuis dans un autre principe ,
je trouve que la beauté , accompagnée de la
vertu , eft eftimable par-tout. Je me repens
fincérement d'avoir fuivi de fi mauvais confeils ,
& de n'avoir pas regardé d'abord cette entre-
prife comme une chofe impoffible..... Eh bien ,
il en eft encore temps , s'écria Dupuy ; que ne
le faites-vous à préfent : vous êtes tout à propos
dans le cas de prendre ce fage parti.

Le marquis tout en colere , ne trouvant point
cette propofition à fon gré , lui ordonna de fe
taire , & lui fit ce commandement d'un ton fi
fier , qu'il en fut effrayé : n'ofant plus parler ,
il le laiffa rêver & fe promener fans lui rien dire.

Le marquis ne vouloit pas fortir de fa chambre ; mais madame d'Aftrel , qui ignoroit fa
fituation , lui envoya demander comment il fe
portoit , & lui fit dire que s'il étoit incommodé ,
elle iroit manger dans fon appartement ; ce qui
l'obligea d'aller la trouver. Elle fut alarmée de

la tristesse qui paroissoit sur son visage , & le croyant malade , lui en témoigna son inquiétude ; sur quoi il la rassura le mieux qu'il put : mais malgré ce qu'il lui dit , cette tendre mere , appréhendant que ce ne fût un commencement de maladie , le congédia de bonne heure , persuadée que c'étoit la fatigue & les plaisirs que ses amis lui procuroient , qui le mettoient en cet état ; sachant qu'il avoit passé à table plusieurs nuits depuis son retour , joint au long voyage qu'il avoit fait , elle craignoit avec raison que sa santé n'en fût altérée ; & pour y rémédier , elle l'invita de s'aller mettre au lit.

Il profita de la liberté qu'elle lui en donnoit ; mais ce ne fut pas pour dormir , il étoit bien éloigné de pouvoir goûter du repos ; l'idée de sa villageoise le tourmentoit. Mais après avoir fait de vains efforts pour l'oublier , connoissant l'impossibilité d'exécuer un si sage projet , il résolut d'en faire sa maîtresse à quelque prix que ce fût , passant ainsi la nuit , en sorte que le lendemain le trouva dans cette disposition , & sans avoir pu fermer les yeux. Il se leva pour aller travailler à l'exécution de son projet , sans pourtant savoir quel moyen il pourroit employer.

Madame d'Astrel , qui sentoit pour son fils une tendresse sans bornes , faisant réflexion à son chagrin , & se souvenant qu'il l'avoit assurée qu'il n'étoit pas malade , s'imagina que depuis

qu'il

qu'il étoit à Paris, il pouvoit avoir trouvé quelqu'un qui, par imprudence ou par malice,
avoit. représenté à ce jeune homme que n'ayant
point de bien par lui-même, sa mere ne seroit
peut-être pas d'humeur à lui fournir de quoi
vivre agréablement, ou qu'elle lui feroit payer
les dépenses qu'elle lui permettroit de faire par
une soumission, ou même par un esclavage
affreux. dans les égards qu'elle exigeroit de lui,
& que malgré l'éloignement qu'elle avoit toujours témoigné pour un second mariage, elle
feroit capable de se remarier pour le punir de
la moindre résistance qu'il apporteroit à ses
volontés.

Ne doutant point d'avoir deviné le véritable
motif de sa tristesse, elle fut persuadée qu'il la
lui cacheroit si elle lui en parloit : c'est pourquoi négligeant ce moyen, qu'elle regardoit
comme inutile, sa tendresse lui inspira un autre
expédient ; ce fut de lui assurer du bien en pro-
priété, & aussi-tôt qu'elle fut éveillée, elle
envoya chercher un notaire, & quelques momens après, son fils, à qui elle fit faire la lec-
ture d'un acte par lequel elle le mettoit dès ce
moment en possession d'une terre à soixante
lieues de Paris, & d'une autre plus petite qui
n'en étoit qu'à six, le tout valant plus de vingt-
cinq mille livres de rente, où, par une clause
expresse & extraordinaire, elle l'autorisoit à

Partie I. F

les vendre quand il lui plairoit, malgré le défaut
de l'âge.

Elle lui dit, en lui remettant ce contrat, que
c'étoit pour ſes menus plaiſirs, & pour le mettre en état de dépenſer quatre louis, ſans être
obligé de les demander comme un écolier,
n'exigeant pour toute reconnoiſſance que de
ſurmonter la mélancolie qu'il ne pouvoit lui
cacher, mais dont elle ne lui demandoit point
la cauſe, parce qu'elle ne vouloit pas entrer par
force dans ſa confiance.

Le marquis plus touché de la façon dont ſa
mere lui faiſoit ce préſent, que du préſent
même, lui en rendit graces dans les termes les
plus tendres ; & pour lui plaire, il contraignit
ſa douleur ; mais ce ne fut qu'en ſa préſence ;
s'y abandonnant malgré lui par-tout ailleurs.

Il chercha inutilement le ſecours des plaiſirs ;
les ſpectacles & la compagnie de ſes amis furent
ſans fruit : il commença même quelques intrigues ; mais elles n'eurent pas plus de pouvoir.

Enfin, ne pouvant plus réſiſter à ſes inquiétudes, & ne trouvant aucun expédient qui le
contentât, il ne balança plus à aller lui-même
chez Flore, & il ne cacha pas ſon deſſein à
Dupuy, non pour lui demander ſon approbation, puiſque la réſolution en étoit priſe, &
qu'elle fut exécutée l'après-midi.

La ſurpriſe où ſa préſence jetta cette famille,
fut ſi grande en le voyant, que lui-même par-

tagea leur embarras, ne fachant pofitivement
de quels termes fe fervir pour leur faire fa propofition fans les offenfer.

Après quelques momens d'incertitude, il leur
dit qu'il avoit été incommodé, & que les mé-
decins lui ayant confeillé de prendre l'air hors
de Paris, les charmes de la belle Flore l'avoient
déterminé à venir préférablement du côté de
Vincennes. Sans leur donner le temps de répondre à fa galanterie, il dit à madame Maronville
ce que fa mere avoit fait pour lui, & l'affura
qu'il y avoit été d'autant plus fenfible, que ce
bien dont elle le rendoit maitre abfolu, lui
fournilloit les moyens de donner à Flore des
preuves folides de fa bonne volonté; ajoutant
que fi elle vouloit lui faire un fort grand plaifir,
loin de s'oppofer à ce que fa fille en fît ufage,
elle-même en profiteroit pour rendre fa condition plus heureufe, n'en demandant pas d'autre récompenfe que le plaifir d'avoir fait du
bien à une famille qui en méritoit encore plus.

S'adreffant enfuite à Maronville, qu'il trouva,
non un grand pendar & un coupe-jarret,
comme Dupuy le lui avoit repréfenté, mais
un garçon fort bien fait & fort aimable, de
qui la phyfionomie étoit intéreffante, ayant
un air de diftinction qui ne fembloit point fe
devoir rencontrer dans un homme dont toute
l'occupation fe bornoit à remuer la terre & à
cultiver fon jardin, il lui demanda s'il étoit

réfolu de paffer fa vie à un métier fi vil ; & s'il ne pourroit point lui rendre fervice ; mais il le fit dans des termes fi affectueux , qu'il ne fembloient convénir qu'à fon égal & non à un payfan. La tendreffe que le marquis avoit pour Flore , contribuant à lui faire rendre juftice à fon frere , & lui infpirant autant d'amitié pour lui que s'il eût été le fien propre , il l'affura qu'il avoit de l'argent & des amis qu'il étoit prêt à employer pour fon fervice , s'il vouloit lui en fournir l'occafion.

Maronville reçut des démonftrations de ten-dreffe avec une politeffe froide , & le remercia en peu de mots , fans être tenté de profiter de-fes offres, lui difant naturellement qu'il n'ai-meroit pas à être ingrat, & qu'il ne pourroit manquer de l'être envers lui , ne fe fentant au-cune difpofition à reconnoître fes bontés par les fervices qu'il croiroit être en droit d'exiger de lui ; que fon état d'ailleurs ne lui caufoit point de honte , puifqu'il y vivoit en honnête homme , & qu'il aimoit mieux y paffer fa vie , que d'en fortir par un moyen fi indigne , dont il auroit plus à rougir que de la baffeffe de fes occupations.

Le marquis employa toute fon éloquence pour lui perfuader qu'il le ferviroit fans intérêt & par pure amitié, ne demandant à fa famille que la liberté de venir quelquefois dans cette maifon , où il fe contenteroit , difoit-il,

du feul plaifir de s'entretenir avec eux , &
d'admirer la charmante Flore. Mais fes complimens , fes offres & fes inftances furent inutiles : il fut .totalement refufé , la mere lui difant , fans nuls détours , que fi elle fouffroit
fes vifites , elles feroient également préjudi-
ciables à lui & à fa fille ; à lui premièrement ,
parce qu'il perdroit un temps précieux , dont il
feroit ailleurs un meilleur ufage ; & enfuite
à fa famille , à qui fes affiduités auprès de
Flore feroient un tort confidérable fi elle avoit
la foibleffe de les fouffrir , qu'ainfi elle le fup-
plioit inftamment de les fupprimer , & de ne
plus venir la troubler dans fa folitude.

Quoique le marquis n'eût pas une fort
grande efpérance en commençant cette converfation , il ne fut pas moins fenfible à fon
mauvais fuccès ; mais cependant il voulut encore
faire une tentative , & dit à madame Maronville , qu'avant de fe retirer , il la prioit de
permettre que Flore s'expliquât elle même : elle
y confentit ; mais il n'en fut pas plus content :
car Flore ne parla que pour lui dire féchement qu'il pourroit l'en difpenfer , puifqu'elle
n'avoit rien à ajouter à ce que fa mere & fon
frere venoient de dire ; que fes fentimens
étoient les leurs ; qu'elle les .fuivroit toujours
avec joie , & que fi elle avoit envie d'ajouter
quelque chofe à ce qu'ils avoient dit , ce feroit
qu'il n'étoit point d'extrêmité où elle ne fe

portât plutôt que de voir sa réputation en danger ; qu'enfin la seule obligation qu'elle desiroit lui avoir , étoit de la laisser en repos , & de ne plus prendre la peine de la chercher. ...

Comme elle achevoit de parler, une jeune dame en grand deuil parut à une petite porte qui étoit au milieu du jardin ; elle en avoit la clef, & elle l'ouvrit, sans que sa présence étonnât les Maronville. Il n'en fut pas de même de cette inconnue , qui témoigna beaucoup de surprise en appercevant avec ces jardiniers un cavalier si magnifique : elle avança cependant , & toute la famille fut au-devant d'elle, en faisant paroître beaucoup de joie de la voir.

La présence de cette personne ayant privé le marquis de l'espoir de continuer la conversation , & de faire changer de maxime aux uns & aux autres , il se retira fort mortifié.

Comme il n'avoit rien épargné pour réussir , ce mauvais succès justifia Dupuy dans son esprit, & il le revit avec moins d'aigreur qu'il n'en avoit témoigné en le quittant. L'envie de parler de Flore contribuant beaucoup à l'adoucir , il lui redit toute leur conversation , & Dupuy opina à son ordinaire pour qu'il renonçât au dessein d'apprivoiser cette farouche famille. Mais son maître , trop amoureux pour goûter un tel avis , n'étoit pas en état de suivre ce conseil , quoiqu'il ne pût s'empêcher de convenir que c'étoit le plus sage , & qu'il ne sût où en prendre un autre. Ayant abſolument perdu l'eſpoir de s'introduire chez la Maronville , il voulut du moins ſe donner la douceur de voir Flore à l'égliſe , où il ſe rendit le dimanche ſui_vant , ſe flattant que la belle ſeroit touchée de ſa perſévérance ; mais il ſe trompa. Quand elle le vit paroître , elle rougit , & il connut aiſément à ſes yeux que ce n'étoit pas de joie. Elle ne daigna pas jetter un regard ſur lui : & lorſqu'il voulut l'aborder à la ſortie de la meſſe , elle l'évita avec tant d'affectation , qu'il ne put attribuer au haſard les obſtacles qui s'y oppo-ſoient.

Ce mauvais ſuccès ne le rebutant pas , il y retourna pluſieurs fois. Mais après avoir man-qué ſouvent à la rencontrer , parce qu'elle al-loit à la meſſe ailleurs , ou qu'elle l'entendoit ſi matin à Vincennes , qu'elle étoit retournée chez elle avant qu'il fût arrivé , il ſe crut au comble de ſes vœux , en s'appercevant que madame Maronville , qui les autres jours n'a-voit pas jeté les yeux ſur lui , le regardant cette fois attentivement , lui donnoit ſujet de croire qu'elle l'invitoit à la ſuivre. Cette con-jecture le flattant infiniment , il ne vouloit point la vérifier , crainte de la détruire ; & ſe livrant au nouvel eſpoir qui s'offroit , il ne balança plus ; mais n'oſant les joindre devant tout le monde , par un ménagement & un reſ-pect dont il ne ſe ſeroit jamais cru capable , il

ne les fuivit que de loin , pour ·ne pas déplaire.
à Flore ou à fa mere. Il les vit entrer chez elles,.
qui laiffoient la porte ouverte ; çe qui ne lui·
laiffa plus douter que ce ne fût pour le faire
entrer lui-même : il en profita , & y entra auffi.,

La jeune dame qu'il avoit vue la premiere
fois dans le jardin, y étoit déjà ; mais elle n'y.
étoit pas venue avec la famille , & cette circonftance , de même que l'air de familiarité
qu'elle avoit en cette maifon , fit juger au
marquis qu'elle n'étoit point fufpecte à fes ha-
bitans ; qu'apparemment elle étoit leur parente ; ce qui l'empêcha d'appréhender qu'elle
ne les génât. Le difcours que lui tint madame
Maronville fut plus propre à lui faire de la
peine que la préfence de la dame inconnue ;
car cette femme , après l'avoir obligé de s'af-
feoir , augmenta l'air de gravité qui lui étoit
naturel.

Si j'ai fouhaité de vous revoir ici , monfieur ,
lui dit-elle , je vous fupplie de n'en tirer aucune conféquence défavantageufe à nos fentimens : nous n'en avons pas changé depuis que
nous vous les avons expliqués. Non affurément ,
ils font toujours les mêmes ; mais j'ai voulu
vous inftruire de la derniere réfolution que
votre opiniâtreté à nous perfécuter m'a infpi-
rée : elle eft telle que , fi vous ne ceffez de
fuivre ma fille , je la mettrai dans un lieu où
elle fera hors d'inquiétude fur vos affiduités , &

où vous ne la verrez pas malgré elle. Je ne vous fais point myftere de nos deffeins , ajouta-t-elle , & je vous dirai naturellement que fi j'a-vois de quoi payer fa penfion , je me conten-terois de la faire entrer au couvent en qualité de penfionnaire ; mais la modicité de ma for-tune ne me permettant pas de prendre ce parti , je la placerai dans un monaftere , où elle fera reçue fans dot au rang des converfes : ce fera ; dit-elle en pouffant un foupir , une obligation qu'elle vous aura.

Vous la voulez faire religieufe , s'écria d'Af-trél tout épouvanté ? y a-t-elle quelque voca-tion ?..... Parlez , ma chere Flore , lui dit-il ; pourriez-vous être heureufe en ce état ? Non , reprit-elle : bien éloignée de cela , je n'y ai nulle inclination , & je ne l'embrafferai qu'avec ré-pugnance ; mais j'y fuis pourtant déterminée ; fi je n'ai pas d'autre moyen de me délivrer de vos perfécutions : ainfi , monfieur , ajouta-t-elle , voyez fi vous voulez me montrer affez de bonté pour ne me point forcer à prendre cet affreux parti.

De quelles perfécutions vous plaignez-vous , dit le marquis d'un ton qui découvroit , autant que fon vifage , la confternation où le mettoit un tel difcours ? Une fille de la premiere dif-tinction pourroit-elle fe plaindre de mon pro-cédé ? Non , dit madame Maronville ; je con-viens qu'il ne pourroit faire de tort à une per-

fonne en égalité avec vous ; mais vos affiduités,
qui feroient fans conféquence avec une autre,
déshonoreroient Flore pour peu qu'elles duraf-
fent : ainfi, monfieur, ajouta-t-elle, foyez affez
généreux pour ne pas défefpérer une famille
qui va être accablée de douleur fi vous la forcez
à fe féparer. Je ferai au défefpoir d'être obligée
de perdre ma fille pour toujours ; cependant
nous y fommes déterminées, quoique nous
n'en puiffions ignorer les défagrémens, & que
je fache précifément qu'elle fera fort malheureufe dans le genre de vie que vous la forcez
d'embraffer ; mais nous n'avons point à choifir
fi vous continuez de nous perfécuter.

, Le marquis étoit fi accablé de tout ce qu'il
entendoit, qu'il ne lui reftoit pas la force de
parler, lorfque la jeune dame ; prenant la parole, le fupplia les larmes aux yeux de faire un
effort fur lui-même pour ne pas caufer, par une
opiniâtreté inutile, le malheur de Flore, & de
ne la point priver du plaifir qu'elle trouvoit en
fon amitié & dans fon voifinage.

En effet, il fit un effort, non tel que cette
dame l'exigeoit, mais pour s'expliquer, & il
voulut entreprendre de lui perfuader qu'il y
avoit de l'injuftice à prétendre l'empêcher d'entrer dans une églife publique, parce que c'étoit
la paroiffe de cette jeune fille, ne défavouant pas
que ce ne fût par le plaifir de la voir qu'il y
étoit attiré, & avouant de bonne foi que ; fans

ce motif, il ne viendroit point du fauxbourg.
Saint-Germain; à-fa meffe à Vincennnes; mais
que ce lieu étant ouvert à tout le monde, il
n'y avoit rien d'extraordinaire qu'il y parût
comme les autres, & qu'il étoit impoffible que
l'on pût pénétrer la raifon qui l'y attiroit, puifqu'il ne leur avoit jamais parlé.

Madame Maronville l'interrompit pour lui
dire, qu'elle ne prétendoit point lui interdire
l'entrée de cette églife, ni d'aucun autre lieu,
à l'exceplion de celle de fa maifon; mais qu'é-
tant maîtreffe de fa fille, elle ne balanceroit
pas fur le parti qu'elle devoit prendre. Après
quelques conteftations également inutiles, le
marquis fut obligé de fortir, fans avoir rien
obtenu.

Il vint à l'ordinaire compter ce nouvel événement à Dupuy; mais au lieu de s'alarmer,
de même que fon maître, du deffein que madame Maronville témoignoit de faire Flore religieufe, il n'en fit que rire.

Oh! ma foi, s'écria-t-il, je ne m'attendois
pas à cet événement, & ce tour me fait connoître que cette commere eft plus fine que je
ne l'avois foupçonnée. Où eft-elle, cette fineffe,
reprit brufquement le marquis ? Voilà vos fot-
tifes accoutumées, & la façon dont vous m'a-
vez perdu, en me faifant entendre que leur
conduite étoit myftérieufe & intéreffée. Ce
dernier trait prouve bien le contraire, puifque

Je leur ai offert, dans la visite précédente, tout
ce que ma mere m'a donné, & qu'elles ont dû
présumer que, puisque j'y retournois si fouvent, ce n'étoit point pour me retracter de mes
offres, non plus que des avances que j'ai faites
au fils. Après toutes ces preuves de ma bonne
volonté, qui font pouffées tant que mon pouvoir peut s'étendre, quelles raisons auroient-
elles d'employer la finesse, & que pourroient-
elles prétendre de plus d'un homme qui leur
veut donner tout ce qu'il possede ? Elles pré-
tendent à votre main, mon cher maître, interrompit le domestique : il est clair que c'est le
but de leur desir, & la véritable raison qui
leur fait faire à vos yeux un si rare étalage de
vertus.

Si ce n'étoit pas cette espérance qui les ani-
mât, pourfuivit-il, il seroit impossible que des
offres telles que celles que vous leur avez faites, ne vous euffent acquis les suffrages de la
mere & du fils, tandis que la fille n'eût point
résisté aux empreffemens d'un amant fait comme
vous : ainsi, puisque le piege est découvert,
vous n'avez qu'à fuir la voie enchantereffe de
ces Sirenes ; car si vous persistez à les écouter,
je ne répondrois pas qu'elles ne vous obligeaf-
fent enfin à les satisfaire. Jugez quel coup de
foudre ce seroit pour madame votre mere.... Il
seroit capable de la faire mourir. Vous n'ignorez pas combien vous lui êtes cher ; & il n'est
rien

rien que vous ne deviez faire pour éviter de lui
donner cette cruelle mortification.

Mais, ajouta Dupuy, quand vous auriez cet
intérêt de moins à envisager, ne devriez-vous
pas en éviter le danger pour vous-même ? Quel
reproche ne vous feriez-vous point , après que
votre passion seroit ralentie , en songeant à
l'indigne alliance que vous auriez faite ?

Le marquis gardoit un profond silence ; ce
que ce garçon lui difoit n'étoit que trop vrai-
femblable : c'étoit à quoi il n'avoit jamais songé ,
& dans les premiers momens de fa furprife , il
ne pouvoit comprendre que cette idée ne fe fût
pas encore offerte à fon efprit. Il en étoit frappé
à un tel point, qu'il n'imaginoit pas comment il
avoit pu être fi long-temps dans l'aveuglement ;
& fe livrant à la vraifemblance des réflexions de
Dupuy, il lui laiffa le temps de moralifer tant
qu'il voulut, fans l'interrompre.

Sortant enfin de cet étonnement , il lui demanda ce qu'il devoit faire ; car , pourfuivit-il,
je fuis amoureux à la fureur , & depuis que
j'ai vu cette dangereufe payfanne, tous les plaifirs où j'ai cherché à me livrer , m'ont femblé
infipides.

Effayez de ceux de la campagne, lui dit
Dupuy, allez vous promener à la terre que vous
avez fur la Loire, & paffez-y quelques mois.
Madame votre mere fera flattée de voir l'empreffement que vous témoignerez pour un pré-

sent qu'elle vous a fait : c'est un des plus beaux châteaux de France, & les promenades y sont assorties. Ce lieu est trop éloigné pour que le hasard offre à vos yeux cette personne que vous devez éviter. Amenez avec vous plusieurs de vos amis. Quand vous y serez, la chasse, la nouveauté de tous les plaisirs de la table & de la vie champêtre, vous feront insensiblement oublier vos amours. Vous serez dans le voisinage de plusieurs villes, où il y a bonne compagnie. Si vous voulez chercher celle des dames, vous en trouverez de fort aimables : cette province est renommée par la politesse & par la beauté du sexe.

Le marquis concevoit que son valet de chambre parloit juste, & qu'il n'y avoit qu'un extrême éloignement qui pût l'empêcher de courir malgré lui à Vincennes ou aux environs. Il ordonna à Dupuy de tout préparer pour ce voyage, se chargeant lui-même du soin de le faire agréer à la marquise, & d'inviter ceux qu'il désiroit mettre de cette partie.

La différence qui s'étoit faite dans l'humeur & sur le visage de M. d'Asfrel, n'étoit point échappée aux attentions d'une mere tendre ; elle en avoir une inquiétude extrême, & fut ravie du dessein qu'il témoignoit, dans l'espérance que le changement d'air & celui de la campagne lui feroient du bien. Elle se chargea avec plaisir de lui envoyer tout le monde

qu'il lui falloit pour y tenir une grosse maison ;
à quoi dans ce pays-là il devoit être obligé par
son état, le feu marquis d'Affrel ayant été
lieutenant de roi de cette province, & elle en
avoit obtenu la survivance pour son fils, à qui
elle dit obligeamment qu'il n'étoit pas juste que
cette dépense fût prise sur sa pension de garçon ; qu'il ne devoit se donner d'autres soins
que de se divertir, & de bien faire les honneurs de chez lui, tandis que de son côté elle
pourvoiroit à tout ce qu'il croiroit nécessaire.

Le marquis ayant engagé cinq amis à ce
voyage, fut en état de partir deux jours après ;
& Dupuy, chargé d'argent, le suivit, avec ordre de ne rien épargner pour le faire vivre en
grand seigneur.

Cette aimable troupe arriva heureusement à
ce château, que le marquis trouva aussi magnifique & aussi commode que Dupuy le lui avoit
représenté. Les bois & les jardins en étoient
superbes ; l'art ayant joint ses agrémens à la
situation avantageuse, tout contribuoit à l'embellir : c'est un des plus beaux pays de chasse
de l'Europe, & la proximité de la Loire ne le
rend pas moins charmant pour la pêche.

La brillante jeunesse que le marquis avoit
menée en ce lieu, fut enchantée de la beauté
du séjour, & le maître crut pendant quelque
temps que ses chagrins pourroient s'y dissiper,
cet endroit étant tout propre à lui faire ou-

fent qu'elle vous a fait : c'eft un des plus beaux
châteaux de France , & les promenades y font
affforties. Ce lieu eft trop éloigné pour que le
hafard offre à vos yeux cette perfonne que
vous devez éviter. Amenez avec vous plufieurs
de vos amis. Quand vous y ferez , la chaffe, la
nouveauté de tous les plaifirs de la table &
de la vie champêtre , vous feront infenfiblement oublier vos amours. Vous ferez dans le
voifinage de plufieurs villes , où il y a bonne
compagnie. Si vous voulez chercher celle des
dames , vous en trouverez de fort aimables :
cette province eft renommée par la politeffe &
par la beauté du fexe.

Le marquis concevoit que fon va-e, de chambre parloit jufte , & qu'il n'y avoit qu'un extrême éloignement qui pût l'empêcher de courir
malgré lui à Vincennes ou aux environs. Il ordonna à Dupuy de tout préparer pour ce voyage,
fe chargeant lui-même du foin de le faire agréer
à la marquife , & d'inviter ceux qu'il defiroit
mettre de cette partie.

La différence qui s'étoit faite dans l'humeur
& fur le vifage de M. d'Aftrel , n'étoit point
échappée aux attentions d'une mere tendre ;
elle en avoit une inquiétude extrême , & fut
ravie du deffein qu'il témoignoit , dans l'efpérance que le changement d'air & celui de
la campagne lui feroient du bien. Elle fe chargea avec plaifir de lui envoyer tout le monde

qu'il lui falloit pour y tenir une groſſe maiſon ;
à quoi dans ce pa ... là il devoit être obligé par
ſon état, le feu marquis d'Aſtrel ayant été
lieutenant de roi de cette province, & elle en
avoit obtenu la ſurvivance pour ſon fils, à qui
elle dit obligeamment qu'il n'étoit pas juſte que
cette dépenſe fût priſe ſur ſa penſion de garçon ; qu'il ne devoit ſe donner d'autres ſoins
que de ſe divertir, & de bien faire les honneurs de chez lui, tandis que de ſon côté elle
pourvoiroit à tout ce qu'il croiroit néceſſaire.

Le marquis ayant engagé cinq amis à ce
voyage, fut en état de partir deux jours après ;
& Dupuy, chargé d'argent, le ſuivit, avec ordre de ne rien épargner pour le faire vivre en
grand ſeigneur.

Cette aimable troupe arriva heureuſement à
ce château, que le marquis trouva auſſi magnifique & auſſi commode que Dupuy le lui avoit
repréſenté. Les bois, & les jardins en étoient
ſuperbes ; l'art ayant joint ſes agrémens à la
ſituation avantageuſe, tout contribuoit à l'embellir : c'eſt un des plus beaux pays de chaſſe
de l'Europe, & la proximité de la Loire ne le
rend pas moins charmant pour la pêche.

La brillante jeuneſſe que le marquis avoit
menée en ce lieu, fut enchantée de la beauté
du ſéjour, & le maître crut pendant quelque
temps que ſes chagrins pourroient s'y diſſiper,
cet endroit étant tout propre à lui faire ou-

blier la trop dédaigneufe Flore ; mais il ne
refta guere dans cette erreur, ne fe trouvant
pas plus tranquille qu'à Paris.

Cependant, comme il n'avoit pas, d'un moment à l'autre, la commodité de la voir, il fe
perfuada qu'il fe feroit, par cet éloignement,
une habitude de la néceffité, & que pour diffiper entiérement fon chagrin, il n'auroit qu'à
le cacher quelque temps. Dans cet efpoir,
il fit tous les efforts dont il étoit capable, cherchant avec empreffement la meilleure compagnie,
qui eft nombreufe en cette belle province.

Il y donna aux dames des fêtes galantes, ou
plutôt Dupuy en donna en fon nom ; car c'é-
toit beaucoup pour le maître de s'y trouver,
& d'en recevoir les complimens. Comme l'argent ne leur manquoit point, & que celui qui
en étoit l'ordonnateur, avoit du goût & de
l'adreffe, elles étoient auffi fréquentes que
magnifiques, fe fuccédant de fi près, que l'on
nommoit le château du marquis, l'empire des
plaifirs, & que toute la province étoit ravie de
fon féjour.

La bonne chere & la liberté mettoient le
comble aux agrémens de fa maifon, que l'on
pouvoit regarder comme l'afyle de la joie,
excepté dans le cœur du marquis, où elle ne
trouvoit point de place : quelques foins qu'il
prît pour furmonter fa rêverie, plus forte que
fes réfolutions, elle l'obfédoit au milieu des

plaifirs qu'il faifoit goûter aux autres. Toujours occupé de Flore, à peine pouvoit-il fe
réfoudre à fe mont_re_r, cherchant fans ceffe les
endroits écartés pour s'abandonner fans contrainte à fes triftes penfées.

Les foins de Dupuy n'étoient pas capables
d'empêcher que cette difpofition ne fe remar-
quât. Tout le monde s'en appercevoit, fans
lui en favoir mauvais gré, parce que l'on voyoit
bien que cette êv_r_ie n'étoit pas volontaire;
mais on n'en étoit pas moins furpris: & le
foin de raffembler de fa part la bonne compagnie, pour des fêtes & des plaifirs où il ne
paroiffoit pas qu'il prît aucun intérêt, donnoit
matiere à bien des conjectures.

Les dames, fur-tout, en étoient les plus
étonnées, & elles concluoient qu'abfolument il
étoit amoureux: elles avoient raifon; mais elles
comptoient que c'étoit de quelqu'une d'elles,
& il n'y en avoit aucune qui n'eût été ravie
d'avoir fait cette conquête, & qui ne s'en
flattât.

Dans cette erreur elles redoublerent leurs
empreffemens: cela alloit jufqu'aux avances,
parce qu'elles s'imaginoient que fa triftefle ne
venoit que de ce qu'il n'ofoit s'expliquer, &
c'étoit à qui lui en infpireroit la hardieffe. Mais
voyant que, malgré leurs foins, il gardoit toujours le filence, elles vinrent, chacune en
particulier, à croire que ce n'étoit pas pour

elles, se soupçonnant mutuellement, elles at-
tribuoient à leur compague le bonheur qu'elles
envioient. Cette défiance réciproque les rendit
espionnes les unes des autres, & jeta parmi
elles une pointe d'aigreur qui commença à troubler la douceur de leur société.

Quoique toutes ces altercations se passassent
sous les yeux du marquis, & par rapport à
lui, il ne s'en apperçut nullement ; mais elles
n'échappoient point à Dupuy, qui, pour es-
sayer de le divertir, lui faisoit remarquer les
différens maneges que la jalousie ou la curiosité
faisoient faire à ces dames.

Voyez, Monsieur, lui disoit-il, si je vous
trompois, en vous disant que vous étiez fait
pour plaire ; vous êtes ici avec cinq jeunes
seigneurs, qui sont charmans ; cependant les
préférences sont pour vous, & vous seul cau-
sez tant d'inquiétudes à de belles dames, qu'elles
ne tarderont pas à mettre la division entr'elles.

Si vous daigniez y faire attention, continua-
t-il, vous y trouveriez de quoi vous réjouir infiniment. En effet, rien n'est si plaisant que de
voir à chaque fête que vous donnez, avec qu'elle
inquiétude & quelle impatience elles attendent
que l'héroïne en soit nommée ; & comme elles
desirent d'être l'objet de vos reveries.

Elles ont tort de souhaiter une chose qui ne
peut être, reprenoit d'Astrel tristement : je suis
ici ; mais il n'est pas possible que j'y sois encore

long-temps ? mon cœur en eſt trop éloigné, pour que j'y puiſſe réſiſter. Se peut-il, diſoit Dupuy, que vous ſoyez aſſez indifférent aux effets de votre mérite, pour abandonner un lieu où il eſt ſi fêté ?

Eh ! laiſſe-là mon mérite, repliqua-t-il d'un air chagrin, cette folle idée eſt cauſe de mon malheur. Si tu n'avois pas été aſſez étourdi pour me flatter que rien ne lui pouvoit reſiſter, je ne me ferois point abandonné au penchant que j'avois pour Flore, dont l'eſtime qu'elle témoigne pour ce prétendu mérite, doit me faire juger de celle que les autres ont droit d'en faire, puiſqu'il eſt mépriſé par une ſimple payſanne.

Quoi ! vous penſez encore à ces extravagantes, répliqua Dupuy ? Pouvez-vous les regarder comme des juges équitables ſur ce que vous valez ? Des femmes comme elles, doivent-elles ſe connoître en belles qualités ? Et pouvez-vous trouver étrange que des perſonnes qui n'ont été élevées qu'avec des payſans, manquent de goût pour un homme comme vous ? Pour tirer une juſte conſéquence de ce que vous devez penſer à votre avantage, pourſuivit-il, c'eſt aux dames qui ſont ici à qui il faut vous-en rapporter. Eſt-il poſſible de méconnoître l'effet de vos appas dans tous leurs mouvémens ?... Ou plutôt celui de leur coquetterie, interrompit le marquis. Je t'aſſure, mon enfant, que je ne prends point le change, & que quand mon cœur ſeroit libre,

je ferois peu touché des avances que la vanité
ou l'amour des préférences leur fait faire.

Dupuy enrageoit de voir le peu d'effet que
produifoient fes foins, & il étoit défefpéré d'entendre fon maître parler d'un retour à Paris,
dont il prévoyoit les fâcheufes conféquences.

Cependant, quoique toutes les belles, qui
étoient fans cefſe chez le marquis, lui fuſſent
également indifférentes, & qu'il leur eût dé-
cerné, tour à tour les honneurs des fêtes qu'il
leur avoit données, il fembloit accorder quelque
préférence à une perſonne de quinze ans, dont
la jeuneſſe, la rendant plus timide, faiſoit qu'elle
l'embarraſſoit moins que les autres par des quef-
tions curieuſes & indiſcretes. Ne penſant pas fi
férieuſement aux moyens d'attirer ſes homma-
ges, ce n'étoit pas qu'elle les eût reçus avec
dédain ; mais elle ignoroit la fin de l'art minau-
dier, qui ne s'acquiert que par l'âge & l'expérience.

Cette jeune demoiſelle étoit fort jolie ; elle
avoit la voix agréable, & outre cela, lui laiſſoit
la liberté d'être, des heures entieres auprès
d'elle, fans exiger qu'il lui dit des douceurs, &
fans le tourmenter fur la caufe de fa fombre
humeur : ce qui faifoit qu'il fe plaifoit plus avec
elle qu'en aucune autre compagnie, en étant
quitte pour la prier de chanter un air, que fouvent il n'écoutoit pas, & pour lui dire quelques
mots obligeans quand elle avoit ceſſé de chanter.

Chacun crut que son inclination étoit décidée
en faveur de cette beauté naissante ; Dupuy le
crut comme les autres ; & en fut ravi, ne doutant pas qu'une telle diversion ne détruisît insensiblement la passion qu'il avoit si malheureuse-
ment prise pour Flore. Afin de faciliter ce nouvel amour, & cherchant à l'échauffer, il se
hâta, sous le nom de son maître, de faire toutes
les galanteries qu'il crut propres à lui rendre la
demoiselle favorable. Elle fut bientôt nommée
la reine de tous les plaisirs du château, & par
conféquent l'objet de la jaloufie des ses rivales,
qui se réunirent pour lui trouver des défauts,
lui imputant jusqu'à celui de son extrême jeuneffe, dont cependant il n'y en avoit aucune qui
n'eût voulu être auffi coupable.

Tandis que cette innocente beauté ne fon-
geoit qu'au plaifir d'avoir un amant, & que
l'envie qu'excitoient contr'elle les préférences,
lui donnoit une si flatteufe occafion de connoître
l'effet de ses charmes naiffans, sa mere, qui
avoit des vues plus étendues, allant au folide,
étoit moins fenfible à cette gloire, par les plaifirs
& les préférences qu'elle procuroit à fa fille,
que parce qu'elle lui laiffoit concevoir l'efpoir
que cette inclination pourroit devenir affez fé-
rieufe pour mener le marquis jufqu'à l'hymen.
Elle avoit de la naiffance, & il auroit pu
l'époufer fans crainte que cette alliance lui fût
reprochée ; mais fon bien ne répondoit point à

la nobleffe , & ce mariage lui auroit été extrêmement avantageux , n'y devant point prétendre , à moins que l'amour ne s'en mêlât , &
comme il eft naturel de fe flatter, la mere ayant
une bonne opinion de fa fille , qui étoit auto-
rifée par toutes les belles qualités qui la pouvoient rendre excufable , ne douta point du
fuccès de fes defirs. Voyant d'Aftrel précifément dans l'âge où l'intérêt eft rarement le but
des actions , elle penfa qu'il alloit prendre affez
d'amour pour n'envifager que le plaifir de fe
fatisfaire, en s'uniffant férieufement à fa famille.

Elle avoit vu la marquife l'année précédente ,
lorfqu'elle étoit venue paffer quelques mois à
cette terre pour la faire embellir, dans le deffein
d'en faire préfent à fon fils , qu'elle comptoit
marier peu après fon retour.

Ces deux dames avoient lié une forte d'amitié
que la mere de la demoifelle fe rappeloit avec
plaifir , efpérant qu'elle lui feroit trouver de
plus grandes facilités dans le cœur de la marquife , qui accepteroit plus volontiers l'alliance
de fa fille , que celle de toute autre qui lui feroit
inconnue.

Elle n'ignoroit point à quel excès madame
d'Aftrel portoit la tendreffe pour fon fils : tout
le temps qu'elle avoit été en ce lieu , elle ne
l'avoit prefqu'entretenue que de lui. C'étoit à
la complaifance que cette dame avoit eue de
l'écouter & de l'applaudir qu'elle étoit rede-

table des préférences qui avoient même été
pouffées jufqu'à la confidence ; & la marquife
ne lui avoit pas fait de miftere de fes vues pour
l'établiffement de ce fils chéri, à qui elle defti-
noit un parti confidérable ; mais elle avoit
ajouté, que fi l'inclination du marquis fe tour-
noit d'un autre côté, pourvu que la perfonne
fût vertueufe & ne fût point d'une naiffance
trop difproportionnée, elle renonceroit à fon
premier projet pour le fatisfaire, n'ayant d'autres deffeins que de le rendre heureux.

Les qualités où madame d'Aftrel fe reftrei-
gnoit pour accorder fon confentement, fe trou-
voient toutes dans la fille de cette dame. Elle
avoit de la naiffance, de la vertu, de la beauté,
& l'éducation lui avoit donné les graces acqui-
fes ; ainfi le tout ne dépendoit que d'un feul
point; il ne s'agiffoit que d'infpirer au cavalier
le defir de mettre à profit la complaifance de
fa mere.

Il falloit donc abfolument le gagner ; & la
dame redoublant fes attentions pour lui, faifoit
tout ce qu'elle croyoit propre à l'exécution. de
fes vues. Elle en avoit fait part à fa fille, en lui
recommandant de ne pas manquer la moindre
occafion de témoigner au marquis tous les
égards qui pouvoient le flatter, autant que la
bienféance le lui permettroit.

Ces leçons étoient trop du goût de celle qui
les recevoit, pour n'en pas profiter avec empref-

sement ; & par les soins de l'une & de l'autre, sans qu'il y parût d'affectation, il avoit autant d'entretiens avec la fille qu'il en pouvoit desirer.

Il en profitoit ; mais comme c'étoit sans dessein, il y faisoit peu d'attention. La seule commodité qu'il trouvoit à rêver près d'elle plus librement, lui faisoit donner la préférence à cette belle. La mere, qu'il l'observoit exactement, fut pendant quelque temps fort satisfaite de l'effet de ses soins, prenant le silence du marquis pour un amour timide. Il est vrai qu'il étoit accompagné de bouquets & de fêtes galantes, qui, aux déclarations près, faisoient un amant complet ; mais elle ignoroit que c'étoit à Dupuy, & nullement à son maître, qu'elle devoit ces apparences d'amour. A la fin, comme le marquis sembloit obstiné à se taire, elle commença à s'impatienter, & dans quelques entretiens qu'elle se procura avec lui, comme par hasard, elle fit tous ses efforts pour l'engager à déclarer ce qu'il avoit dans le cœur ; mais elle le trouva si froid sur cet article, qu'elle conclut qu'il n'étoit pas encore assez amoureux. Elle ne désespéra pas néanmoins de le conduire au but qu'elle desiroit, attribuant ses rêveries & sa tristesse aux combats qui se livroient en lui-même à la vue des obstacles qu'il appréhendoit de la part de la marquise.

Il étoit donc question de dissiper cette inquiétude ; & ne trouvant point de moyen plus propre

pre

pre que de mettre Dupuy dans ses intérêts,
elle redoubla les honnêtetés qu'elle avoit toujours eues pour lui, ne cessant pas d'en dire du
bien à son maître, de même qu'à tous ceux qui
pouvoient le lui redire, répétant sans cesse, *que
ce garçon étoit d'un mérite rare & fort au-dessus
de sa condition.*

Ces discours flatteurs étoient trop fréquens
pour que le héros célèbre pût les ignorer; mais
ils ne produisoient point l'effet qu'en auroit
desiré celle qui les tenoit. Il n'en étoit pas assez
flatté pour en être la dupe, conjecturant judi-
cieusement qu'elle ne parloit de la sorte qu'avec
un dessein caché; & afin de voir à quoi toutes
ces flatteries aboutiroient, il se donna la com-
mission d'aller lui faire des complimens de la
part de son maître, ne doutant point qu'elle ne
s'expliquât sur ce qu'elle exigeoit de la sienne.

Ses préjugés se trouverent justes. La dame le
reçut conformément à l'estime qu'elle lui témoignoit; mais après lui avoir fait bien des discours
vagues, tous remplis d'éloges flatteurs, elle
trouva un prétexte pour éloigner sa fille qui
étoit auprès d'elle; & feignant de le consulter
sur une fête qu'elle vouloit donner (c'étoit un
bal dans les allées de son bois, où elle avoit
ordonné une illumination,) elle s'appuya sur
son bras, en lui disant, qu'étant convaincue de
son bon goût, elle vouloit qu'il vît les prépa-
ratifs qu'elle faisoit; & qu'il lui en dît son sen-

Partie I. H

II

timent. Dupuy approuva tout : loin de trouver
rien à changer aux dispositions qu'elle avoit
faite , il l'accabla à son tour de louanges ; mais
la dame qui vouloit l'entretenir de quelquechose
de plus sérieux, feignit d'être fatiguée , & s'assit
sur un banc , où elle le força de s'asseoir aussi.

Ce fut là où elle recommença les honnêtetés
dont elle l'avoit déjà accablé ; à quoi ayant répondu avec tout le respect convenable , elle lui
demanda enfin si elle le pouvoit compter au
rang de ses amis , & si elle devoit espérer qu'il
lui parleroit avec sincérité.

Il est aisé d'imaginer ce que quelqu'un aussi
fin que Dupuy put répondre en une semblable
occasion. Après qu'il l'eut assurée de son respec-
tueux attachement , qu'elle lui eut fait promettre de ne point trahir sa confiance , elle lui
demanda enfin ce que le marquis pensoit de sa
fille.

Il lui répondit, sans balancer , que son maître
ne s'étoit point expliqué avec lui sur cela ; que
cependant il étoit aisé de connoître qu'il la
trouvoit charmante, ses empressemens le témoi-
gnant assez ; car , ajouta-t-il , il n'est point
d'humeur à se contraindre , & je vous assure
que si mademoiselle votre fille ne lui plaisoit
pas , il n'est pas assez politique pour la chercher ; mais , poursuivit-il d'un ton flatteur :
madame peut elle avoir des yeux & mettre en
doute l'effet de ses charmes ? ne doit-elle pas ,

au contraire, être perfuadée qu'un homme qui
a autant de difcernement que monfieur le marquis, ne peut voir affidûment tant d'appas
avec indifférence ?

Ce difcours, fait d'un air fi naturel, perfuada
à la dame tout ce qu'elle fouhaitoit. Elle en fut
ranfportée de joie, & lui dit, que puifqu'il lui
voit expliqué les fentimens de fon maître, elle
ne feindroit point de lui confier ce qu'elle
croyoit avoir pénétré de ceux de fa fille. Je lui
trouve l'air rêveur, dit-elle ; & comme M. d'Aftrel eft fort aimable, j'appréhende que fon
jeune cœur ne prenne pour lui une inclination
qui la rendroit malheureufe..... Que dis-je ?
j'appréhende plutôt qu'il ne foit trop tard, &
que l'impreffion n'en foit déjà faite. Je l'aime
tendrement, ajouta-t-elle : ce ne feroit qu'avec
une peine extrême que je me verrois forcée à
faire violence à fes fentimens ; mais il faudroit
bien m'y réfoudre, & je vous avoue que cette
inquiétude m'a obligé à faire auprès de vous la
démarche que je fais aujourd'hui, afin de m'inftruire fi le marquis l'aime affez pour que je
puiffe laiffer agir fon cœur fuivant le penchant
qui l'entraîne vers lui. Nous ne fommes pas,
continua cette dame, d'une naiffance qui puiffe
permettre au marquis de fonger à en faire une
maîtreffe de paffage & un amufement fans conféquence : notre rang eft proportionné au fien,
& je fais, à n'en pouvoir douter, puifque ma-

voir [...] faire [...] par un motif [...] peu
généreux [...]

Cette [...]vation [...] Dupuy dans une
étrange [...]plexité. Il ne pouvoit [...]
[...] qu'on lui demandoit : & [...]
chant [...] compliment ; il promit de [...]
l'efprit [...] fon maître , fur qu'il [...] d'avoir tant
de pouvoir qu'elle lui [...] , en [...]
rant au [...] qu'il y emploieroit avec [...]
celui qui avoit.

Il la [...] dans cette efpérance, & s'en alla,
en rêvant aux mefures qu'il prendroit , [...]
de tirer un parti [...]geux de cette affaire ,
fans perer à la fervir dans les [...] qu'elle lui
avoit fait connoître , étant trop [...] , quoi
qu'elle en dit , qu'elles ne feroient pas [...]
du goût de la marquife que ceux dont [...]
flattoit mais il efpéroit que [...] feroit
favorab[...] à fon maître , & que [...] un [...]
amufement , elle pourroit l'[...] affez [...]
effacer e fon cœur l'impreffion de Pleur.

Il ne [...]oit s'il devoit lui faire le récit de [...]
converfion ; mais après y avoir [...]ment
penfé , il s'y[...] détermina. Il eft amoureux, [...]
foit-il[...]e lui-même ; & quand cette [...]
lui agreroit , elle ne pouvoit faire [...]
affez [...]fuir pour ne me pas [...] le [...] d'en
inftruir madame la marquife : ainfi s'[...]dan-
nant au plus preffé , il conclut qu'il devoit [...]
lui apprendre ; parce que les [...] qu'il

dame d'Aftrel, me l'a dit elle-même, qu'elle ie
feroit aucune attention à la difproportion œ
bien, en ayant affez pour ne fonger qu'à fatisfaire le goût de fon fils ; cette difficulté étan
levée, il peut, fans contrainte, s'expliquer avec
ma fille & avec moi. Je fais encore que la marquife a deffein de le marier avec une riche héri-
tiere qu'elle ménage depuis long-temps ;
mais elle m'a protefté qu'elle n'étoit point fi
abfolument obftinée à cette alliance, que s'il
avoit d'autres idées, elle ne s'y conformât fans
peine, pourvu qu'elles ne fuffent point contraires à l'honneur de fa maifon : ainfi, mon
cher ami, lui dit-elle, en lui tendant la main
d'une manière obligeante, c'eft de vous feul que
dépend cette affaire : je n'ignore pas le pouvoir
que votre fageffe vous donne fur l'efprit de la
mere & du fils, & ce n'eft point la moindre
preuve de leur difcernement.

A tout autre qu'à l'illuftre Dupuy, ajoûta-t-
elle flatteufement, on feroit envifager des ré-
compenfes proportionnées au bon office ; mais
à lui, qui eft au-deffus de ce fordide intérêt,
on ne peut que lui offrir la même amitié & la
même confiance que madame d'Aftrel & monfieur fon fils ont fi juftement pour lui. Ce n'eft
pas, continua-t-elle, que je veuille renoncer à
vous donner des témoignages folides de ma reconnoiffance. Je ne fuis point ingrate, mais je
croirois vous offenfer, fi je préfumois de pou-

voir vous faire agir par un motif auffi peu
généreux.

Cette converfation mettoit Dupuy dans une
étrange perplexité. Il ne pouvoit donner de paroles fur ce qu'on lui demandoit ; & fe retran-
chant aux complimens , il promit de fonder
l'efprit de fon maître , fur qui il nia d'avoir tant
de pouvoir qu'elle lui en attribuoit, en l'affurant au refte qu'il y emploieroit avec joie tout
celui qu'il avoit.

Il la laiffa dans cette efpérance , & s'en alla ,
en rêvant aux mefures qu'il prendroit , réfolu
de tirer un parti avantageux de cette affaire ,
fans penfer à la fervir dans les vues qu'elle lui
avoit fait connoître , étant trop perfuadé , quoi
qu'elle en dit , qu'elles ne feroient pas autant
du goût de la marquife que cette dame s'en
flattoit ; mais il efpéroit que l'aventure feroit
favorable à fon maître ; & que par un nouvel
amufement , elle pourroit l'occuper affez pour
effacer de fon cœur l'impreffion de Floréſ qui

Il ne favoit s'il devoit lui faire le récit de cette
converfation ; mais après y avoir extrêmement
penfé , il s'y détermina. Il eft amoureux , difoit-il en lui-même ; & quand cette propofition
lui agrééroit , elle ne pourroit faire un effet
affez fubit pour ne me pas laiffer le temps d'en
inftruire madame la marquife : ainfi s'abandonnant au plus preffé , il conclut qu'il devoit le
lui apprendre , parce que les deffeins qui fe

formoient contre fa liberté, pourroient peut-
être le divertir, fe croyant certain que du moins
ils flatteroient fa vanité, & ne lui porteroient
aucun préjudice. Il ne pouvoir

En rentrant au château, il apprit que fon
maître étoit fous un berceau de verdure : il fut
le joindre en diligence, & le trouva un livre à
la main, dont il s'étoit précautionné, moins
pour lire que pour lui fervir de prétexte à s'éloigner de fes amis.

Dupuy l'aborda en riant, & lui dit que la
nouvelle qu'il lui apportoit alloit diffiper tous
les doutes que fa modeftie lui caufoit fur fon
mérite. La preuve que je n'avois pas tort de
vous le vanter, ajouta-t-il, c'eft qu'il vous fait
triompher fans aucun foin par-tout où vous
paroiffez.

Malheureufement pour Dupuy, le marquis
étoit dans un de ces momens de chagrin qui le
faififfoient toutes les fois qu'il faifoit réflexion à
l'impoffibilité d'oublier Flore, ou d'en être
aimé; & n'entrant point dans la plaifanterie,
il lui demanda brufquément quelle nouvelle
extravagance il avoit imaginée, & s'il n'étoit
pas encore fatisfait du cruel état où fes fottes
flatteries l'avoient mis, fans venir de nouveau
lui en faire d'autres, qui, felon les apparences,
feroient de bonnes fortunes auffi certaines
qu'avoit été celle de la laitiere.

Dupuy fut affez déconcerté de la façon dont

il étoit reçu : il se remit pourtant , & s'effor-
çant de conferver l'air content qu'il avoit
d'abord : ce n'eft point ici la même chofe , dit-
il, je ne parle que fur de bons ordres ; & tout.
de fuite il lui fit le récit fidelle de la converfation qu'il venoit d'avoir avec la mère de fa
maîtreffe prétendue.

Elles font également charmées de vous ; continua-t-il : la fille rêve pour vous , tandis que la
mère me cajole à votre intention : tel que vous
me voyez , je fuis l'Illuftre Dupuy ; jugez quel
peut être le maître d'un homme comme moi...
Je ne crois pas que ce foit trop pour lui d'être
l'incomparable ; cépendant , monfieur , votre
humilité vous cache ce que vous valez ; & fur
une telle autorité vous réfufez de vous croire un
des plus fameux héros de la galanterie. Pour
moi , à qui la charge de porte-clef de votre cœur
a donné l'illuftricité , je me perfuade d'être au
moins un homme d'importance. J'avoue que fi
je n'en livre pas l'entrée , je pourrai diminuer
de valeur ; & qu'il y a toute apparence que je
redeviendrai Dupuy tout fimple ; mais je vous
fupplie de ne me pas ruiner de titre & d'honneur , en faifant trop le cruel.

L'air plaifant qu'il avoit affecté , & les termes dont il s'étoit fervi , ne firent aucun effet fur le férieux dont le marquis l'avoit écouté.
Quoique cette avanture eût quelque chofe en
elle-même qui dût flatter fon amour-propre ,

celui qu'il avoit dans le cœur le rabaiſſoit trop
pour lui permettre de s'y livrer, & ne lui
laiſſoit voir que les déſagrémens qui l'accom-
pagnoient. Non ſeulement il ne s'amuſa pas de
cet événement ; mais, conſidérant que la demoiſelle étant d'une condition à ne devoir pas
être regardée ſans conſéquence, ni ſur le pied
d'un amuſement, il ne lui étoit plus permis d'a-
gir avec elle comme il avoit fait par le paſſé,
puiſqu'il étoit bien éloigné de vouloir pronon-
cer les grands mots que l'on en attendoit, ni
d'abuſer de la crédulité de ces dames, en leur
laiſſant eſpérer de le faire venir au point où
elles le deſiroient ; & prenant tout d'un coup
ce prétexte, il ſuppoſa que le ſeul parti qu'il
avoit à prendre, étoit celui de décamper, ne
lui convenant pas de faire le fier aux avances
dont elles l'accabloient, & dont il auroit encore
été long-temps l'objet ſans le remarquer, ſi cet
événement ne l'en eût pas fait appercevoir.
A peine fut-il frappé de cette penſée, qu'il
dit à Dupuy, que loin de ſe prêter à ce badi-
nage, dont la fin ne pourroit être que déſa-
gréable, il prétendoit le terminer en retour-
nant à Paris, ſans différer. Ce deſſein pris ſi
bruſquement, cauſa un ſenſible chagrin à ce
zélé domeſtique. Il fit ce qui lui fut poſſible
pour l'en détourner, voyant à regret que ſon
maître, s'abuſant lui-même, ſaiſiſſoit avidement
ce vain prétexte, dans la réſolution de re-

tourner voir fa payfanne, qui toujours maîtreffe de fon cœur, lui rendoit infupportable
toute autre idée, & lui faifoit trouver celle de
cette dame abfolument ridicule.

Pour effayer à le retenir, il voulut encore
lui perfuader qu'il n'y avoit aucun danger à
ne les pas tirer d'une erreur qui leur plaifoit,
& où elles s'étoie nt jetées elles-mêmes.

Pourquoi les priver de cette douce efpérance, lui difoit-il ? confervez-la leur quelques
jours ; elles n'auront pas fujet de fe plaindre
que vous les ayez abufées, & leur manœuvre
vous divertira : de grace, ne vous expliquez
point, & laiffez-les faire.

Mais le marquis, fans lui répondre, ni daigner
l'écouter : ne faut-il pas, difoit-il, que je fois
bien malheureux ! il femble que la plus grande
partie des femmes ne penfe qu'à fe jeter à ma
tête, & à m'accabler de leurs avances ridicules.
La condition n'y met point d'obftacle, & la
feule à qui je voudrois plaire, & qui n'eft
qu'une fimple villageoife, eft la feule auffi qui
femble ne me pouvoir fouffrir.

Dupuy voulut lui faire quelques repréfentations ; mais le marquis, pourfuivant fans l'écouter : que n'eft-ce Flore, s'écria-t-il, qui foit
en cette place ! Ah ! que je me livrerois de
grand cœur à ce que l'on voudroit exiger de
moi ! & que j'aurois peu de peine à folliciter
la complaifance de ma mere ! Je fuis certain

que mon amour & ma persévérance la toucheroient, assez pour me rendre heureux ; mais ceci est bien différent ; & tant qu'il ne sera question que de l'affaire présente, je ne mettrai point ses bontés à l'épreuve.

Quelle comparaison de Flore à toutes les autres femmes, continua-t-il, & qu'elles lui ressemblent peu ! Je ne vois en elle que de la sagesse, de la vertu, du désintéressement & des sentimens remplis de noblesse, quoiqu'elle ne soit que d'une condition vile. Hélas ! que la fortune est extravagante de laisser ainsi dans l'obscurité tant de mérite, tandis que dans un rang où la naissance & l'éducation devroient avoir imprimé la noblesse d'ame, je ne trouve que de la fourberie, de la coquetterie & de l'ambition, parce que l'on me regarde comme un homme qui doit être fort riche. Il ne m'est pas possible de faire la révérence à une femme, ou à une fille de qualité, que l'on ne m'en croie amoureux, que l'on ne fasse toutes les démarches imaginables pour augmenter mon amour, & que je ne me voie faire des avances qui, loin de produire l'effet que l'on en espere, ne servent qu'à m'inspirer de l'ennui & du mépris.

Ma foi, mon maître, dit Dupuy, vous êtes trop philosophe, & si j'osois, je dirois que cela va jusqu'à la misanthropie. Quoi ! vous, vous scandalisez à votre âge de ce que les dames vous recherchent, & vous vous piquez de la fidélité d'Amadis pour une cruelle qui est d'assez mauvais goût pour ne vous pas rendre justice ? En vérité, vous n'y penséz pas. Eh ! Monsieur, croyez-moi, profitez de vos beaux jours, sans vous ensevelir tout vif dans une constance déplacée. Jouissez du temps présent, divertissez-vous à vous voir aimé jusqu'au moment où, par les soins de madame votre mere, vous trouverez une épouse digne d'être aimée de vous, puisqu'il est écrit que vous devez être esclave de votre cœur, sans jouir des douceurs de la vie.

A la fin de ce discours, où, après avoir déployé toute son éloquence, Dupuy se flattoit d'avoir convaincu son maître, il fut tout surpris qu'en réponse, & sans paroître l'avoir entendu, il lui déclara qu'il prétendoit retourner à Paris incessamment ; & il lui ordonna si sérieusement de tout préparer pour le voyage, qu'il ne lui resta pas la force de dire un mot pour s'y opposer encore.

Quoique la longueur de cet entretien entre le marquis & son domestique fût remarquée de ses amis, ils n'en soupçonnerent pas le sujet. Comme ils ne pouvoient ignorer que le gouvernement de la maison rouloit sur ce garçon, ils le crurent occupé à recevoir des ordres pour quelques fêtes nouvelles.

Cependant la dame chez qui Dupuy avoit

été le matin , & qui comptoit donner à souper
au marquis & à sa compagnie , invita beaucoup
de monde , & fit parer sa fille le plus avanta-
geusement qu'il lui fut possible , se flattant
qu'elle acheveroit sa conquête le même soir ,
ne doutant pas que le marquis , déterminé par
les conseils de son confident , ne s'expliquât ;
mais elle fut déçue : car d'Astrel , après avoir
fait partir ses amis , sous le prétexte de quelques affaires où sa présence étoit nécessaire ,
feignit une violente colique au moment où il
falloit les suivre , & il se mit au lit , en en-
voyant porter ses excuses sur cet accident im-
prévu.

  On en fut informé trop tard ; tout le monde
étoit assemblé , & la fête étoit si avancée , qu'elle
ne put être remise. Elle s'exécuta donc , mais
avec une si grande tristesse de la part des dames
de la maison , que chacun s'en apperçut , &
que , malgré le peu d'enjouement du marquis ,
il fut trouvé fort à dire.

  Tout le monde espéra que cette maladie
subite n'auroit pas de suite ; mais on fut bien
surpris le lendemain , lorsqu'il déclara à ses
amis , qu'après avoir si mal passé la nuit , il
craignoit qu'il ne lui arrivât quelque chose de fâcheux , & que pour en prévenir les accidens , il
alloit partir pour Paris , les suppliant de faire
ses excuses aux dames de ce qu'il n'avoit pas
l'honneur de prendre congé d'elles ; & s'étant à

l'inftant jeté dans fa chaife, il s'en fut, fans avoir tiré d'autres fruits de fon voyage que l'expérience affligeante de ne pouvoir guérir de fon amour, pour Flore.

En arrivaut, il fe donna à peine le temps d'aller faluer fa mere, & courut à l'office s'informer des nouvelles de cette belle fille. On lui dit qu'elle, ni madame Maronville, ne paroiffoient plus, & qu'il n'y avoit que la vieille fervante Nicole qui venoit apporter les provifions comme elle faifoit autrefois. A cette nouvelle, il réfolut de faire connoiffance, à quelque prix que ce fût, avec la vieille, fe flattant que fon argent lui en fourniroit le moyen. Il ne manqua pas de fe trouver le lendemain fur fon paffage ; mais ayant voulu entrer en converfation, elle le reçut fi brutalemeut, lorfqu'il lui demanda des nouvelles de fa jeune maîtreffe, qu'il comprit aifément que le même efprit l'animoit, & qu'il n'y avoit pas d'apparence de la mettre dans fes intérêts, comme il s'en étoit flatté.

Cette derniere reffource lui manquant, il fut convaincu de la néceffité de fe guérir d'une paffion inutile ; pour effayer de tout, il fe livra à une fociété de jeunes libertins, où il fe trouva engagé dans des parties licencieufes, effayant par ce moyen d'étourdir la malheureufe paffion dont il étoit poffédé ; mais ce fut en vain. Loin que ces plaifirs en fuffent pour lui,

Partie I.   I

ils lui devinrent à charge. L'effronterie des
femmes que fréquentoit cette société , lui
faifoit horreur , & loin de le foulager , ne fervoit qu'à redoubler fon amour pour Flore ,
par la comparaifon qu'il en faifoit. Il n'aimoit
que médiocrement le jeu ; de plus , il y étoit
trop peu appliqué pour y être heureux , & perdoit fans ceffe : quoiqu'il ne fût pas intéreffé ,
cette circonftance n'étoit pas propre à lui faire
continuer un exercice qu'il trouvoit peu de fon
goût. La table , pouffée trop loin , le rendoit
malade ; enfin , il lui fembloit que tout s'accor-
doit pour lui faire de la peiue : il n'y avoit que
l'idée d'une converfation avec Flore , qui lui
parût digne d'être appelée plaifir , & le feul
auffi à qui il pût être fenfible ; mais il en connoiffoit l'impoffibilité , & perdoit toute efpérance d'être heureux. Il ne voyoit qu'un unique
moyen de le devenir , en fe rappelant ce que
Dupuy lui avoit dit , fur le but où la mere &
la fille avoient vifé dès les premiers jours.

Cette idée le révoltant d'abord , il la crut
fuffifante pour lui rendre fa tranquillité ; mais
infenfiblement il s'y accoutuma : ces obftacles,
qui lui avoient paru invincibles , fe diffiperent,
la crainte de déplaire à la marquife s'évanouit
peu à peu , & il fe flatta que fans fe brouiller
avec elle , il pourroit fe contenter , ne doutant
pas que la vertu & la beauté de Flore ne
l'adouciffent en fa faveur quand la chofe feroit
faite.

Ceffant de regarder comme une témérité cri-
minelle, & comme une folle ambition l'intention que madame Maronville avoit de procurer
une grande fortune à fa fille par le fecours de
fa beauté, il fit plus, il trouva cette réfolution
digne de louanges, & ne put blâmer celle que
Flore fembloit avoir prife de n'aimer qu'un
homme qui l'eftimeroit affez pour fonger à la
poffeder par des voies légitimes, & fans former des projets défavantageux à fa vertu. Ce
qu'il avoit envifagé d'abord comme une extravagance intolérable, ne lui parut plus qu'un témoignage de leur fageffe ; & fe rappelant toutes
les perfections de cette aimable fille, il conclut
que celui qui l'épouferoit feroit le plus heureux des hommes.

Pourquoi balancerois-je à devenir cet heureux mortel, difoit-il en lui-même ? n'aurai-je
point affez de bien pour me paffer de celui
d'une femme ? Et comme je ne prendrai point
fon rang en l'époufant, en ferai-je moins le
marquis d'Aftrel ? Elle fera marquife, fans que
je devienne jardinier : fi j'avois befoin de fortune, trouveroit-on étrange que je l'époufaffe,
fi elle étoit en état de la faire ?.... Non, vrai-
ment ; au contraire, on blâmeroit ma ridicule
délicateffe ; cependant ce bien ne pourroit pas
la rendre de plus haute naiffance qu'elle eft,
& ne donneroit pas plus de fplendeur à mon
fang. Ah ! fi pour faire une alliance inégale,

on étoit déshonoré ; il y auroit bien peu de
feigneurs qui ofaffent fe vanter de leur condition ; mais rien ne déshonore que les mauvaifes actions , & je n'en ferai point en époufant une jardiniere fans reproche.

Quoique cette derniere réfolution le flattât ,
& qu'il la crût fort fage , elle ne l'empêchoit
pourtant pas de faire réflexion à la peine qu'il
alloit caufer à fa mere , ne pouvant éviter de
fentir quelques remords d'un deffein qui la
récompenferoit fi mal de fes bontés & de fa
tendreffe. Il craignoit que le chagrin qu'elle
auroit d'un tel mariage , ne lui causât la mort ;
mais un moment après il fe moquoit de lui-
même , en difant qu'il ne feroit guere induf-
trieux , s'il ne favoit pas cacher cette affaire ,
puifqu'il n'y avoit rien de plus facile ; fur-tout
à Paris , où , à force d'argent , il trouveroit un
prêtre qui leur donneroit la bénédiction nuptiale
avec tout le fecret néceffaire ; après quoi il
feroit vivre fa femme & fa belle-mere dans un
quartier éloigné du fien.

Enfin , fans favoir précifément comment il
s'y prendroit pour l'époufer , il fe faifoit une
hiftoire & un plan de la vie qu'il meneroit
étant marié , ainfi que des moyens qu'il emploieroit pour voir fouvent fa femme , fans
caufer des foupçons à fa mere.

Ses penfées n'étoient pas toujours les mêmes:
quelquefois il fe repréfentoit la honte d'une

action qui alloit lui attirer la haine de fa famille & le mépris de fes amis ; étant prefque
impoffible que cette affaire pût être long-temps
fecrette, il rougiffoit d'avoir ofé penfer au-
trement ; mais cette lueur de raifon ne durant
qu'un moment, il revenoit à fon premier projet, & trouvoit qu'il y auroit de l'extravagance
à refufer fon bonheur par un fot point de
gloire, lorfqu'il en étoit le maître, & qu'il
ne pouvoit fans cela efpérer d'être heureux.

Ces divers combats le tourmentoient d'autant plus, qu'il employoit plus de foins à les cacher, ayant ceffé de faire part de fes penfées
à Dupuy, dont il craignoit les moralités, &
n'ofant lui avouer qu'il fuccomboit au defir
de poffeder Flore, à quelque prix que ce fût.
Les remontrances de fon domeftique n'étoient
pas néanmoins le feul motif qui le lui faifoit
redouter : l'unique raifon qui l'obligeoit à l'ex-
pulfer de fa confidence, étoit la crainte qu'avec
l'intention de lui rendre fervice malgré lui, il
n'inftruisît fa mere de fes deffeins. Ainfi le
pauvre Dupuy voyoit fon maître dans un ennui
mortel, fans pouvoir le foulager, quoiqu'il ne
doutât point que la jardiniere n'y eût une
grande part ; mais plus le marquis lui paroiffoit accablé, plus il fe flattoit de le voir profiter des efforts qu'il fuppofoit que la raifon lui
faifoit faire, & il n'ofoit lui en parler, de
peur de ranimer un fouvenir qui étoit peut-

être fur le point de s'effacer, & qu'il craignoit de renouveller.

Ce tourment intérieur devint fi fort, qu'il prit fur la fanté du marquis. Il tomba malade, fa mere en fut extrêmement alarmée, & lui parut fi touchée de fon mal, qu'il fe convainquit que de tous les chagrins qu'il lui pourroit caufer, celui à quoi elle feroit le plus fenfible, feroit de le voir mourir, cette expérience lui apprenant à quel excès elle portoit fon affection pour lui.

Il n'en avoit jamais douté ; mais l'occafion préfente lui en donnoit une nouvelle preuve ; ce qui le confirma dans le deffein de tout faire pour la garantir du défefpoir que fa perte lui cauferoit ; concluant que lorfqu'elle apprendroit fon mariage, elle l'excuferoit aifément, en apprenant en même temps que c'étoit le feul moyen de lui fauver la vie, qu'il auroit perdue fans ce remede ; fe préparant à lui protefter, quand il ne pourroit plus lui cacher fon fecret, que ce n'avoit été qu'à fa feule confidération qu'il l'avoit employée pour éviter une mort qui l'auroit affligée, puifque s'il n'avoit envifagé que fes propres intérêts, il auroit préféré de mourir plutôt que de rien faire qui eût pu lui déplaire. Ne voulant pas douter de l'excellence de cette raifon, il fe prévaloit de la force de la tendreffe de fa mere, pour en former le droit de lui donner le plus grand déplairſir. Quoique ce projet fût pitoyable, il étoit amoureux, & le trouvoit excellent. La marquiſe lui avoit dit cent fois qu'elle donneroit ſon ſang & ſa vie pour ſauver la ſienne, & pour le tirer de la langueur où elle le voyoit; & il comptoit que moyénnant le remede qu'il alloit employer pour ſe rendre la ſanté, ſa mere ſeroit trop heureuſe d'en être quitté à ſi bon marché; n'ayant pas d'autre expédient pour la préſerver du malheur qu'elle appréhendoit, il ſe détermina à ſe ſervir du ſeul qui ſe préſentoit. Mais jugeant que le ſuccès dépendoit du ſecret, il continua à ſe taire avec Dupuy; & ſe rétablit le plûtôt qu'il lui fut poſſible; ce qui ne fut pas difficile : car auſſitôt que ſes inquiétudes furent ceſſées, la fievre ceſſa auſſi, & dans peu de jours il fut en état de quitter la chambre.

Auſſi-tôt qu'il fut aſſez fort pour ſortir, il monta à cheval, n'ayant avec lui qu'un ſeul laquais; & prétextant ce voyage du deſſein de ſe promener en prenant l'air plus commodément que dans ſon carroſſe, il reprit le chemin de Vincennes, laiſſant ſon cheval à l'entrée du villlage, qu'il falloit traverſer pour arriver chez Madame Maronville. Il avoit eu la précaution de ſe munir d'un livre; & feignant de ſe promener à pied, il le tira en préſence de ſon laquais; à qui il dit de l'attendre où il le laiſſoit.

Se trouvant en liberté, il prit à la hâte une route qui le conduisit à ce lieu tant désiré. Tant qu'il appréhenda d'être remarqué de celui qui gardoit son cheval, il contraignit sa marche ; mais l'ayant enfin perdu de vue, il vola ; & quoiqu'il courût de toute sa force, il trouvoit qu'il marchoit trop lentement au gré de ses desirs, ne croyant jamais jouir assez tôt du plaisir de retrouver Flore. Quoiqu'il ne pût absolument éviter les réflexions fâcheuses qui lui présentoient des obstacles, il les écartoit, en les faisant céder à l'espoir du bonheur qui l'attendoit.

Il arriva enfin, bien satisfait de revoir un lieu où il y avoit plus de trois mois qu'il n'étoit venu : il lui sembla paré de nouvelles beautés, & il y entra avec d'autant plus de satisfaction, qu'il étoit persuadé que sa résolution en alloit causer à cette famille, ne doutant point que les remercîmens & les témoignages de reconnoissance ne prissent la place des reproches qu'il en avoit reçus précédemment. Dans cette assurance, il se présenta de l'air triomphant d'un homme qui vient présenter le bonheur & la fortune. Il trouva la mere & ses enfans sous des arbres dans le jardin. Ils étoient occupés à cueillir du fruit ; la tranquillité & la joie étoient peintes sur leurs visages. Flore & son frere, qui folâtroient ensemble, se jettoient, l'un à l'autre en riant, des fruits qu'ils venoient de cueillir.

L'afpect du marquis interrompit ces inno-
cens plaifirs. Un férieux chagrin parut , & prit
à l'inftant la place de la gaieté. La mere fe levant du milièu de fes corbeilles , vint au-devant
de lui. Quoi ! monfieur le marquis , lui dit-elle ,
vous voilà encore ? en vérité , nous nous étions
flattés que vous nous aviez fait la grace de nous
oublier , & que des occupations plus conve-
riables vous avoient dégoûté de l'envie de rendre des vifites auffi inutiles pour vous qu'elles
font défagréables pour ceux qui ont l'honneur
de les recevoir.

L'air riant & affuré du marquis étant tout
propre à irriter madame Maronville , elle en fut
fi offenfée , qu'elle alloit continuer à parler ,
& lui auroit dit peut-être quelque chofe de plus
fâcheux fur le mépris qu'il fembloit avoir pour
elle , s'il n'eût mis des bornes à fon mé-
contement , de même qu'à celui qui commençoit à paroître dans les yeux de Maronville , en
fe hâtant d'expliquer fon nouveau projet.

Il s'étoit fait d'abord un jeu de leur laiffer
penfer qu'ils avoient encore fujet d'être offenfés
par fa préfence ; mais comme ce n'étoit que
pour leur rendre la furprife plus agréable , il ne
les voulut laiffer qu'un moment dans cette erreur ; & prenant la parole : céffez de vous irriter de ce que je viens encore chez vous , madame , lui dit-il , je ne mérite pas que vous
vous en fâchiez : je ne fuis point ici dans l'in-

jufte intention, qui m'y a conduit ci-devant ; ce
n'eft plus le deffein d'y remporter une hon-
teufe victoire fur le cœur, ni fur la vertu de
la charmante Flore. J'avoue que mes propofitions étoient indignes d'elles, & que j'ai mérité la façon dont vous avez reçu mes offres.
Je ne fuis, en ce lieu que pour réparer cette
faute, en vous en demandant pardon, & vous
fuppliant d'excufer la témérité d'un jeune homme
qui, prévenu par les préjugés de fa naiffance,
corrompu par l'exemple, le mauvais confeil &
la flatterie, croyoit trop honorer une fille vertueufe, en lui offrant le rang de fa maîtreffe.
Je viens pour lui en témoigner mon repentir, &
lui protefter que fi j'étois le maître d'une cou-
ronne, je ne balancerois point à la lui mettre fur
la tête ; mais étant fort éloigné de poffédeur ce
bien ; je me reftreins à lui offrir ce qui dépend
de moi, & je ne viens que pour vous prier de
me permettre d'être fon époux. Accordez-la
moi, madame, cette charmante fille : l'eftime
que j'ai pour vous & pour elle, augmentant
mon amour, m'oblige à la regarder comme la
feule perfonne qui puiffe me rendre heureux,
fes bonnes qualités étant plus propres à faire
mon bonheur, que les avantages qui fuivent la
plus haute naiffance, & le bien le plus confidérable.

    Je defirerois, ajouta-t-il, qu'elle pût être
connue de ma mere comme elle l'eft de moi, ne

doutant point que madame la marquife ne penſât
de la même façon ; & que, pour lui donner des
témoignages certains de toute ſon eſtime , elle
ne me permît de l'épouſer publiquement ; mais la
diſproportion extérieure qui eſt entre nous , ne
me donnant pas ſujet de me flatter que je réſou-
drois madame d'Aſtrel à la connoître avant d'y
avoir été forcée par une néceſſité indiſpenſable ,
je ſuis obligé de cacher mon bonheur ; ce ne
ſera pas pour long-temps. Ne croyez point ,
pourſuivit-il, voyant que madame Maronville le
vouloit interrompre ; qu'en jeune homme qui
ne cherche qu'à ſe ſatisfaire , je ne veuille pas
prendre des meſures juſtes pour aſſurer l'état
de votre chere fille. J'ai tout prévu , & voici
ce que j'ai imaginé pour l'épouſer avec ſûreté.

Le curé d'une terre que j'ai à ſix lieues d'ici ,
eſt abſent depuis pluſieurs jours , & doit être
encore plus de trois mois éloigné de ſon preſ-
bytere. Il a laiſſé, pour deſſervir ſa paroiſſe , un
vicaire qui eſt ſon neveu , & qui en doit partir
inceſſamment pour aller aux Indes , à la ſuite
d'un ſeigneur Eſpagnol , dont il a obtenu une
place d'aumônier.

Ce jeune homme n'eſt pas opulent , & attend
de ſon oncle quelques petits ſecours pour ſe
mettre en équipage ; mais connoiſſant l'avarice
du vieillard , il ne compte point ſur une gratifi-
cation fort conſidérable , & je ſuis perſuadé
que , moyennant cent louis , il ne refuſera pas

de, nous prêter fon miniftere ; qu'il publiera,
avec plaifir, nos; bans, & ; qu'il nous mariera
dans fon, églife.. Nous en, tirerons un, certificat
qui vaudra autant, que s'il avoit été; donné par.
le primat, des Gaules. Je voudrois faire plus ;
mais, comme je, viens de vous le dire, je ne,
puis davantage pour le préfent, & nous nous
contenterons, pendant, quelque temps, d'un
mariage fecret, qui mettra ma chere Flore en
état; de répondre, à mon amour en fûreté de
confcience. :

Vous devez bien juger, continua-t-il ; que je
ne négligerai pas l'occafion d'amener ma mere
au but que je fouhaite. Pour ce qui concerne le
refte·, j'en abandonne le foin à votre prudence,
& vous réglerez les intérêts de la façon. qu'il,
vous conviendra.

·· Si vous voulez une maifon à Paris;, pourfui-,
vit-il fans lui permettre de répondre, je vous en
ferai préparer une, ou fi vous aimez mieux
refter ici ;, vous y ferez à votre aife, & renon-
çant à votre métier, vous y vivrez tranquille.
Enfin, ma chere madame, pourvu que je pof-,
fede votre charmante fille, il m'importe peu
que ce foit fous une cabane ou, dans un palais.

Vous devez bien croire, ajouta-t-il, que je,
ferai affez intéreffé à ménager la réputation de ma
femme, pour fuivre attentivement les mefures
que votre raifon nous dictera. Je me flatte, dit-,
il en lui prenant les mains, qu'il ferroit tendre-,

ment,

ment , que vous ne me refuferez pas le bonheur
d'entrer dans votre famille , où je prétends par-
tager ma fortune avec mon ami Maronville : il
peut compter qu'elle fera commune entre nous ,
& que je le regarde dès-à-préfent comme mon
frere & comme un frere qui me fera toujours
infiniment cher. Confentez à ma priere , ma
chere maman , pourfuivit-il d'un air careffant ,
& je vous promets d'honneur de ne vous revoir
que pour conduire votre fille à l'autel.

Il ceffa enfin de parler , attendant la réponfe
de madame Maronville , du confentement de
qui il fe croyoit certain , ne voulant pas douter
que la joie qu'elle devoit reffentir de cette propofition , n'eût caufé la longue audience qu'elle
lui avoit donnée. Mais il fut fort confus , lorfque cette femme , d'un air férieux qui le décon-
certa , lui dit qu'elle ne pouvoit nier que fa fille
ne lui fût fort obligée , & qu'elle feroit trop
ingrate fi elle n'avoit pas pour fa bonne volonté
toute la reconnoiffance qu'elle lui devoit. Mais ,
monfieur, pourfuivit-elle , elle fe rendroit indigne
de votre générofité , fi elle l'acceptoit , ne le
pouvant faire abfolument fans vous expofer à
perdre l'amitié de madame votre mere , & peut-
être à en être deshérité , puifqu'après lui avoir
donné un fujet de fe plaindre avec juftice , vous
n'auriez pas lieu de vous offenfer que votre
action lui fît naître la penfée de fe marier auffi.
Elle pourroit prendre ce parti , fans craindre

d'en être blâmée ; étant encore affez jeune pour
qu'il lui fût permis d'y penfer ; fans même en
avoir de fi bonnes raifons. Ce malheur ne feroit
pas le feul à quoi vous feriez expofé , continuä
cette femme prudente ; il feroit certainement
fuivi d'un autre qui auroit encore de plus fâcheufes fuites : c'eft du mépris général de votre
famille , de vos amis , & enfin du vôtre même ;
car vous ne devez point douter qu'après cette
action , vous ne vous en fiffiez une honte inté-
rieure. Je vous crois trop honnête homme pour
ne la pas cacher à celle qui en feroit la caufe
innocente ; mais vous en fouffririez en fecret ;
ce qui vous cauferoit peut-être la mort , ou ; du
moins , plus de chagrin que vous ne trouveriez
de plaifir aujourd'hui à voir accepter vos propofitions. Le refus que je vous fais , ajouta t-
elle , doit vous prouver que je fuis votre amie ,
& que j'entre dans vos intérêts avec la même
franchife que fi j'avois l'avantage d'être votre
parente.

Le marquis ne s'étant point attendu à un
femblable difcours , voulut repliquer , & lui
dire , que le fecret qu'ils garderoient , prévien-
droit tous les inconvéniens qu'elle lui faifoit envifager ; mais madame Maronville reprenant la
parole : comment feroit-il gardé ce fecret , reprit-elle ? Et de quel moyen vous ferviriez-vous
pour en cacher les fuites aux yeux du public ?
Que deviendroit la réputation de votre femme ,

que vous parlez de ménager ? Croyez-vous que
vos affiduités auprès d'elle , feroient long-temps
inconnues à madame la marquife ? Et pouvez-
vous imaginer qu'elle ne feroit pas cáffer bien
vîte un mariage fi mal afforti ? Toutes les pré-
cautions que vous propofez de prendre pour le
rendre valable , pourroient-elles prévaloir contre
le défaut de votre âge , ou vous préferver du
dégoût qui fuit de fages réflexions & une poffeffion tranquille ? En ce cas , monfieur , pourriez-vous réfifter aux inftances d'une mere qui
vous aime fi tendrement , & à la jufte crainte
de perdre fon bien ?... Ce dernier article ,
pourfuivit-elle , ne regarde point ma fille ; car
celui que vous poffedez à préfent , excede de
beaucoup ce qu'elle pourroit prétendre ; mais
comme il ne fait pas la dixieme partie de celui
qui vous eft réfervé , il feroit injufte d'abufer
de votre facilité pour vous en priver.

D'Aftrel , au défefpoir d'entendre des raifons
fi contraires à fes defirs , lui répondit qu'elle ne
le connoiffoit pas , fi elle le croyoit capable de
changer ; qu'il aimeroit Flore toute fa vie , &
que l'amour fondé fur l'eftime , étoit ineffaçable. Quant aux fuites que vous préfumez devoir découvrir notre fecret engagement , ce
feroit , ajouta-t-il, la chofe la plus facile à
prévenir. Vous ne devez compte de votre conduite à perfonne ; qui que ce foit n'auroit le
droit de s'informer où vous auriez été ; en

prétextant un voyage , on en eſt quitte , d'autant
que je ne prétendrois pas que ce ſecret fût
éternel ; & après avoir employé auprès de
madame d'Aſtrel ceux que je croirois qui pourroient l'obliger à me ſatisfaire , je ferois mon
devoir auſſi-tôt que je ferois majeur ; & à
l'égard de l'exhérédation ou du ſecond mariage
dont vous me menacez , outre que je ſuis trop
perſuadé de la tendreſſe de ma mere , pour
appréhender qu'elle voulût pouſſer le courroux
juſqu'à cet excès, je vous avoue que je ne regar-
derois pas ce ſacrifice comme étant trop conſidérable , & que je préférerois , ſans balancer ,
la certitude de paſſer mes jours dans une vie
privée avec ma chere Flore , à la douceur de la
plus brillante condition , qu'il me faudroit
acheter par la privation de ce bonheur. Enfin ,
ma chere dame , il faut donner quelque choſe
au haſard , & attendre de lui , de même que du
ſecours du temps , un événement favorable.

Je n'en puis prévoir , reprit madame Maronville , à moins que la mort n'enlevât madame la
marquiſe ; mais l'âge où elle eſt , ne le peut
naturellement faire eſpérer de long-temps , &
ſa tendreſſe pour vous doit l'exempter de vous
le voir ſouhaiter. Je vous rends même aſſez de
juſtice pour croire qu'une pareille penſée n'en-
trera jamais dans votre eſprit , quand elle ne
ſeroit pas , comme elle eſt , la meilleure mere
du monde. Ainſi , continua-t-elle , il ne nous

refteroit que la feule efpérance de refaire la
cérémonie de vos nôces, lorfque vous auriez
l'âge ordonné par les loix. Je ne veux, point
douter que vous ne fiffiez votre devoir, étant
libre de le faire ; mais, monfieur le marquis,
vous qui me propofez de livrer ma fille à l'efpoir d'un événement favorable que vous ne pouvez prévoir , quel garant me donnerez-vous
pour nous en préferver d'un terrible, qui fe
préfente naturellement à l'imagination ? Je vous
fupplie de me dire qui nous a promis , à vous
& à nous , que malgré votre fanté & votre
jeuneffe , vous parviendrez à cet âge néceffaire
pour valider votre mariage. Avouez donc que fi
ma fille avoit le malheur de vous perdre , elle
refteroit déshonorée fans reffource , & qu'elle
n'auroit pas même la confolation de mériter
d'être plainte dans un accident qu'elle fe feroit
juftement attiré par trop d'ambition.

De plus, ajouta madame Maronville, elle-
même peut mourir & laiffer des enfans incer-
tains de leur fort, ou plutôt qui en feroient
trop sûrs : leur naiffance, qui ne pourroit jamais
être légitime aux yeux du monde , leur laifferoit
juftement douter qu'elle le fût aux yeux de
Dieu, notre religion n'approuvant point la re-
bellion ni la défobéiffance des enfans envers
leurs parens : outre cela, je vous avoue que
quand tous ces malheurs ne devroient point
arriver , & qu'il feroit poffible que vous m'en

donnaffiez 'des affurances , je ne confentirois
pas encore à voir ma fille entrer dans une famille où je ne pourrois efpérer d'être regardée
que comme une féductrice , qui auroît abufé de
votre facilité , & où il feroit impoffible de fe
flatter que Flore ne fût pas méprifée. Ainfi ,
monfieur , en reconnoiffance de vos bonnes
intentions , recevez les miennes & mes avis ,
vous perfuadant qu'ils vous porteront toûjours
à ne vous jamais éloigner des fentimens que
mérite une mere dont les bontés exigent de
toutes façons que vous conferviez un refpect
fans bornes pour elle , & qui feule a le droit
de difpofer de votre main.

Depuis que le marquis avoit formé le deffein
d'époufer Flore , il ne redoutoit plus d'oftacle
à fes projets que du côté de madame d'Aftrel ,
& il fut confterné de celui que lui oppofoit
madame Maronville. Il connoiffoit , par expérience , la fermeté de fes réfolutions , & il
comprit qu'il y auroit de la peine à la vaincre :
cependant , trop amoureux pour fe rebuter , il
fit ce qu'il put , afin de la faire confentir à fes
défirs ; mais fes peines furent inutiles.

Il s'adreffa à Flore, qui jufques-là avoit gardé
le filence , de même que fon frere ; mais il n'en
put tirer autre chofe , finon qu'elle étoit con-
vaincüe de la bonté que fa mere avoit pour
elle , de même que de fa prudence , & qu'elle
s'en rapporteroit entiérement à ce qu'elle déci-

deroit, ne doutant pas qu'elle ne sût mieux ce
qui convenoit à fes enfans, qu'ils ne le pouvoient favoir eux-mêmes, & ne voulant s'attribuer que le droit de lui obéir aveuglement.

Une réponfe fi fage & fi décidée ne fut pas
encore fuffifante pour faire ceffer les repréfentations du marquis : il les follicitoit avec la
même ardeur que s'il n'eût point été prévenu
de ce qu'il avoit à prétendre, lorfque Nicole,
arrivant de Paris, parut furprife de le voir.

Eh! bon Dieu, monfieur, lui dit elle, qui
vous croyoit ici, tandis que vous caufez une
fi vive alarme chez vous ? On a dit à madame la
marquife que vous étiez forti à cheval ; elle s'eft
imaginée que vous alliez vous battre. Elle a
commandé qu'on lui apprêtât un carroffe pour
courir après vous : fes gens, tout auffi effrayés
qu'elle, fe demandoient les uns aux autres, où
madame vouloit aller, puifqu'elle ignoroit la
route que vous aviez prife. Elle jete des cris
dans fon appartement, que j'ai entendus de la
porte de la rue, & qui m'ont percé le cœur.

Partez promptement, monfieur, lui dit madame Maronville avec émotion, & ne laiffez pas
plus long-temps une tendre mere dans cette
cruelle perplexité ; courez la raffurer : toutes
fortes de raifons vous doivent porter à vous
rendre auprès d'elle, & à renoncer au deffein de faire des chofes fi contraires à fes intentions.

Le Marquis, touché de ce nouveau témoignage de l'affection de fa mere, ne put s'empêcher, malgré fon amour, de fentir la force des repréfentations de madame Maronville; & ayant perdu l'efpérance de vaincre la réfolution de cette famille, il fut contraint de partir; ce qu'il ne put faire, fans en avoir reçu la cruelle priere de ne plus prendre la peine de troubler la tranquillité de leur folitude, ni le repos de madame la marquife.

Maronville l'accompagna jufqu'au lieu où il avoit laiffé fon laquais. Ce jeune homme étoit frappé du projet du marquis; & fans avoir le moindre deffein de contredire la volonté de fa mere, il ceffoit d'être indigné, en voyant ceffer le déshonorant motif qui excitoit fon courroux.

D'Aftrel s'étoit bien apperçu à fa phyfionomie ouverte, qu'il n'étoit plus irrité contre lui; & fe flattant de le gagner affez pour le rendre fon avocat auprès de fa mere, il l'accabla de careffes, efpérant qu'il le ferviroit dans l'efprit de Flore; qu'il feroit ceffer, par fes confeils, les airs indifférens dont elle l'accabloit, & qu'il lui fourniroit même des expédiens pour entretenir quelque liaifon avec cette belle, préfumant que s'il pouvoit gagner le frere & la fœur, il parviendroit aifément à vaincre la mere.

Dans cette perfuafion, il employa tout le

temps qu'ils furent enfemble , à déplorer fon
malheur , en voulant faire convenir Maronville
de l'injuftice de fa mere , qui , difoit-il ; s'oppofoit à leur fortune , par une chimere qui n'a-
voit point d'autre principe que l'opiniâtreté ;
car enfin , ajoutoit-il en lui ferrant la main ,
je comptois que mon bonheur & celui de votre
fœur auroient fait le vôtre : je ne vous en veux
point de mal , pourfuivit-il ; j'ai , malgré cela ,
toutes les envies du monde de vous fervir ;
mais convenez donc qu'il n'y a pas de raifon ,
ni de tendreffe pour fa fille , à l'obftination que
madame Maronville fait paroître en s'oppo-
fant à l'avantage de fa famille : car je vous pro-
tefte que l'amitié que j'ai pour vous , eft auffi
fincere que l'amour que j'ai pour votre fœur.
  Maronville lui témoignoit fa reconnoiffance
dans des termes qui ne fentoient nullement le
villageois , l'affurant qu'il étoit au défefpoir
que fa mere trouvât des difficultés qui l'em-
pêchoient d'accepter l'honneur qu'il leur vouloit faire ; mais qu'étant certain de la tendreffe
qu'elle avoit pour fa fœur & pour lui , il étoit
perfuadé qu'elle ne l'eût pas refufé , fi elle eût
cru le pouvoir fatisfaire fans danger ; que c'é-
toit à elle à régler la conduite de fes enfans , &
à eux à s'en rapporter à fa prudence , devant
être certains qu'elle faifoit tout pour le mieux
& pour leur avantage.
  Le marquis n'en put tirer rien de plus , ni

l'engager à lui promettre de favoriſer des viſites ſecrettes qu'il lui propoſoit de rendre à ſa ſœur en ſa préſence , ni même de lui donner de ſes nouvelles : il fut obligé de monter à cheval , ſans avoir obtenu la moindre choſe.

En arrivant à la Porte Saint-Antoine , il y rencontra Dupuy qui en ſortoit , & qui venoit au-devant de lui , préſumant qu'indubitablement ſon amour l'avoit conduit du côté de la demeure de Flore. Le chagrin qu'il en rapportoit , étoit ſi remarquable , que ce domeſtique ſe douta bien que ſa viſite avoit eu le ſuccès des pré-cédentes.

Ah ! s'écria d'Aſtrel en l'abordant , que je ſuis à plaindre , & que toutes les idées que tu as eues au ſujet des Maronville , ſont fauſſes ! il s'en faut bien que leur caractere te ſoit connu. Quoique ce peu de mots augmentât conſidéra-blement la curioſité de Dupuy , il n'oſa lui en demander l'explication : il étoit trop preſſé de calmer les alarmes de la marquiſe , & il lui ap-prit les inquiétudes où elle étoit par ſon ab-ſence , en le ſollicitant de ſe rendre auprès d'elle, le plus diligemment qu'il lui ſeroit poſſible , s'il vouloit lui rendre la tranquillité ; ajoutant qu'elle ſeroit morte de douleur , ſans le ſoin qu'il avoit pris de l'aſſurer qu'il ſavoit où il étoit , & s'il ne lui avoit pas juré qu'il n'y avoit aucun danger , cette ſortie n'étant qu'une pro-menade de plaiſir & rien de plus ; que ſur cette

unique affurance , elle avoit pris quelque repos ;
mais qu'elle lui avoit ordonné de le venir cher-
chercher , de retourner au plus vîte lui en dire
des nouvelles , où de le ramener lui-même. .

Le marquis, à un difcours fi preffant , n'eut
pas moins d'impatience d'aller rendre le calme
à fa mere , qu'elle en avoit de le revoir , & il
fut auffi fenfible à ce dernier trait de fon affection qu'il lui étoit poffible de l'être à tout ce
qui n'étoit pas fon amour.

Il la trouva encore plus alarmée que Dupuy
ne lui avoit repréfentée. Il la remercia tendrement ; & pour achever de la raffurer , il lui pro-
tefta que cette démarche n'avoit eu d'autre fon-
dement que le defir de fe promener ; ce qui
lui avoit fort bien réuffi, fe trouvant mieux
que quand il étoit forti : néanmoins que s'étant
levé matin , il avoit envie d'aller fe remettre au
lit. Il y fut effectivement , non pas pour fe
repofer comme il le difoit , mais pour être en
liberté d'entretenir Dupuy fans être interrompu.

Auffi-tôt qu'il fut feul avec lui , il lui rap-
porta toute la converfation qu'il venoit d'avoir.
Tu vois , lui dit-il , fi j'ai tort de dire que tu
me flattes mal-à-propos , puifque c'eft toi feul
qui as caufé mon infortune par les fauffes efpérances dont tu m'abufois. Selon tes difcours ,
je n'avois qu'à paroître , & à faire briller l'or
pour devenir heureux ; enfuite quand elles ont
refufé mes préfens , c'étoit par une fineffe , &

pour profiter de ma paffion, ; elles vouloient m'enflammer affez pour m'obliger à époufer Flore : ce mariage étoit le feul but de leurs defirs ; il affuroit leur fortune , & elles ne fouhaitoient que cela. Il fembloit, à t'entendre , que je n'avois qu'à me mettre au-deffus de la raifon , & qu'auffi-tôt qu'elle feroit vaincue , je ne trouverois plus d'obftacle. Je l'ai bannie de mon cœur , cette importune raifon , s'écria- t-il en foupirant ; mais je n'en fuis pas moins à plaindre , puifque je l'ai retrouvée dans la févérité de madame Maronville , qu'elle a fu garantir des atteintes de l'intérêt & de l'ambi- tion , & qui préferve fa fille de celles de l'a- mour ; car je ne puis me flatter qu'elle en ref- fente la moindre étincelle , fes difcours & fa tranquillité ne me prouvant que trop qu'elle eft infenfible pour moi. Enfin , continua-t-il d'un air défefpéré , elles ont refufé ma main , non pas avec la fierté dont elles refufoient les offres moins honorables par où j'ai débuté , mais avec une politeffe naïve , qui , dans le temps qu'elles ne me diffimuloient point leur fenfibilité à ce trait de mon eftime , ne me ca- choient pas non plus qu'elles vouloient fe re- trancher à la mériter , fans avoir intention de s'en rendre indignes en fe prévalant de ma foibleffe : en forte , continua-t-il en foupirant , que je n'ai plus aucune efpérance , puifque non feulement il faudroit que ma mere con-

fentît à cette union, mais encore qu'elle en
fît les avances, de même que pour une fille
de qualité, cette femme m'ayant prévenu qu'elle
ne donneroit la fienne qu'à cette condition.

Quel pourroit donc être le myftere que ca-
chent leurs refus, fuppofé qu'ils ne fuffent pas
finceres ? J'ai offert tout ce qui dépendo t de
mon pouvoir, en continuant à feindre ; elles
n'en pouvoient tirer rien de plus, fachant,
comme moi, que l'aveu de ma mere n'eft
point en ma puiffance... Que je fuis malheureux!

Le marquis eut le temps d'exagérer fon
malheur, & d'en détailler toutes les circonf-
tances, fans que Dupuy pensât à l'interrompre, étant fi furpris, qu'il ne favoit que lui
dire, & n'ayant jamais imaginé qu'il pût y avoir
un cœur affez infenfible pour réfifter aux charmes & à la libéralité de fon jeune maître. Il
s'étoit perfuadé que l'ambition caufoit feule la
réfiftance de ces femmes, ne pouvant l'attribuer à une fageffe dont il croyoit toutes les
perfonnes de leur fexe bien éloignées, n'imaginant pas qu'il pût y en avoir aucunes de ver-
tueufes. Celles qui avoient le bonheur de le paroître, ne l'étant, felon lui, que par quelques
raifons fecrettes qui mafquoient leurs vices fous
l'apparence de la fageffe, & même en fuppo-
fant qu'il y en eût d'affez prévenues ou affez
aveugles pour croire intérieurement mériter une
eftime efcroquée, il penfoit qu'elles-mêmes

Partie I.　　　　　L

étoient dans l'erreur, & croyoient, de bonne
foi, haïr l'amour, tandis qu'en effet elles ne
haïſſoient que l'amant. Mais dans cette occaſion
tout ſon ſyſtême ſe trouvoit renverſé : l'ambition & l'intérêt étant d'accord, & la perſonne
du marquis ne pouvant manquer à ſatisfaire l'a-
mour, il fut épouvanté de trouver des femmes
aſſez ſingulieres pour être inacceſſibles à toutes
les paſſions qui font agir les autres.

Ne pouvant plus s'empêcher de convenir de
leur vertu, cette connoiſſance lui inſpira autant
de reſpect & d'eſtime pour elles, qu'il avoit
eu de mépris juſqu'à ce moment. J'avoue ma
faute, diſoit-il, & je conviens que ſi toutes les
femmes avoient autant de ſageſſe & de raiſon,
elles ſeroient adorables.

Mais, monſieur, pourſuivit-il, quelque chagrin que vous cauſe leur fermeté, je ne puis
m'empêcher de vous dire que vous devez benir
le ciel d'être tombé entre les mains d'une perſonne de ce caractere, puiſque l'impoſſibilité
de vous contenter vous remettra dans la voie
de la raiſon dont vous étiez ſi fort écarté, &
vous préſervera du danger que vous avez couru.
Regardez-le à préſent ſans prévention, & con-
ſidérez que ce ſeroit mal-à-propos que vous vous
flatteriez de l'indulgence de madame votre mere.
Vous pouvez, au contraire, être perſuadé que
ſi cette aventure ſe fût terminée comme vous
l'eſpériez, elle auroit conſidérablement aliéné ſa
tendreſſe.

Vous n'ignorez pas , pourfuivit-il , que fon
unique défaut eft l'ambition , & qu'elle ne defire
rien plus ardemment que de vous élever au
faîte de la grandeur , quand elle devroit acheter
cette fatisfaction par la perte de fa vie. Jugez ,
je vous fupplie , de quel œil elle vous auroit vu
l'époux de fa laitiere. La difproportion l'auroit
fait mourir de douleur , & peut-être que vous
auriez eu le même fort après quelques mois
de poffeffion. Cette femme a raifon très-affu-
rément : fa fille vous auroit rendu malheureux ,
fans devenir heureufe ; elle le fera infiniment davantage avec un mari qui ne fera pas plus gros
feigneur qu'elle.

Alors trouvant une belle occafion de moralifer , Dupuy s'étendit en détail fur le malheur
des peres & des meres , de qui les enfans ne
confultoient que leur fantaifie , & qui pour récompenfe des foins qu'ils en avoient pris , abu-
fant de l'autorité des lois , fe marioient fans
le confentement de leurs parens.

Ces moralités furent pouffées fi loin , qu'elles
fatiguerent le marquis. Taifez-vous , raifon-
neur , lui dit-il d'un ton ferme , je fuis bien en
état d'écouter des remontrances de la part d'un
homme comme vous , précifément fur une faute
que je n'ai pas commife , parce qu'il n'eft
point en mon pouvoir de la commettre. Pen-
fez-vous , monfieur le difcoureur , pourfuivit-il
avec feu , que fi la chofe étoit à mon choix , ce

seroit votre belle éloquence qui m'en détour-
neroit, & que je ne me fois pas dit tout ce que
vous pouvez me dire ? Ah ! s'il m'étoit poffible de fuivre les conſeils de la raiſon, mes
propres ſentimens m'y auroient déterminé ;
mais l'amour eſt plus fort que moi : je ſuis au
déſeſpoir de ce que les Maronville, en m'em-
pêchant de commettre ces fautes prétendues,
me prouvent cruellement qu'elles ſont dignes de
mon eſtime, & qu'elles ont autant de raiſon
que j'ai d'amour.

Après une réponſe auſſi bruſque, ſans attendre
de réplique, le marquis ordonna à Dupuy de
ſe retirer. Il ne ſe le fit pas redire, & s'en alla
fort ſatisfait de voir ſon maître préſervé, malgré lui, du danger qu'il avoit couru, ne pouvant néanmoins revenir de la ſurpriſe où le
jetoit le déſintéreſſement de ces villageoiſes. Il
n'en avoit jamais connu que d'une eſpece différente. Le commerce qu'il avoit eu ci-devant
avec les dames que voyoit le feu marquis d'Aſtrel, ne lui avoit pas appris à les eſtimer, parce
que ſon maître s'étoit toujours appliqué à
chercher les plus aimables & non pas les plus
ſéveres. Comme il avoit paſſé ſa jeuneſſe auprès
de lui, il n'étoit pas étrange qu'il y eût pris les
impreſſions déſavantageuſes qui lui donnoient ſi
mauvaiſe opinion du ſexe en général.

Mais en reconnoiſſant ſon erreur, les appas
de la jeune Flore ſe préſenterent à ſon imagina-

tion : il lui fembla que ce qui étoit au-deffous
de fon maître , feroit fort affortiffant pour lui ,
parce qu'il étoit tout apparent que cette femme,
qui avoit trop de vertu pour permettre à fa
fille d'être maîtreffe d'un grand feigneur , trouveroit affez avantageux un mariage où il y auroit aucune inégalité , & qu'en refufant de fe
laiffer féduire au brillant trompeur qui lui repréfentoit Flore dans un état qui ne pouvoit
avoir que des fuites fâcheufes, elle accepteroit ,
fans balancer , un établiffement auffi confidérable que le fien , la difproportion n'étant que
dans l'âge , parce qu'en effet il avoit près de
trente ans plus qu'elle ; mais ce défaut étant rec-
tifié par beaucoup de bien , Dupuy ne comptoit
pas qu'il dût lui faire obftacle.

Effectivement il étoit à fon aife pour un
homme de fa condition. Prefque né chez le
pere de fon maître , de qui il avoit en fa jeuneffe été le laquais favori, avec qui il avoit amaffé
une fomme affez forte , & étant devenu depuis l'homme de confiance de toute la maifon ,
il avoit , joint à fes gages , accumulé des préfens & des gratifications qui le rendoient un
parti au-deffus des efpérances d'une payfanne ,
ayant plus de quarante mille livres de bien , fur
quoi il ne dépenfoit pas un fou pour fon entretien. Outre cela, en cas que fa belle-mere
exigeât qu'il cefsât de fervir , il ne doutoit
point que la marquife n'eût affez de crédit pour

lui faire avoir un emploi. Ainfi, ayant examiné
toutes chofes, il fe perfuada qu'il feroit plus
heureux que n'avoit été le marquis, & qu'il
feroit accepté fans difficulté par les mêmes perfonnes qui avoient refufé un homme fort au-
deffus de lui avec tous fes avantages.

Ses projets étant formés fur des fondemens
auffi folides, il réfolut de s'expliquér inceffam-
ment, & de ne point laiffer le temps à madame
Maronville d'éloigner fa fille ou de prendre
d'autres engagemens, pour la dérober aux
pourfuites d'un jeune homme amoureux. Sans en
rien communiquer au marquis, il ne retarda
l'exécution de fon deffein que jufqu'au lendemain matin, & il fortit de bonne heure, après
avoir ordonné aux laquais de dire qu'un de fes
parens l'avoit envoyé chercher, parce qu'il étoit
fort mal ; prétexte ordinaire des valets.

Il prit en diligence le chemin de Vincennes ;
arrivant chez madame Maronville, à peu près
à la même heure où fon maître y avoit été la
veille. Il trouva la famille dans la même occupation que le marquis avoit interrompue par fa
préfence.

La mere croyant que c'étoit encore une ambaffade, témoigna, fans façon, à Dupuy le peu
de plaifir qu'elle avoit à le voir. Mais l'inter-
rompant au premier mot, il lui déclara qu'il
venoit pour lui & non pour perfonne.

Il commença fon entretien par les louer extrêmement de la générofité & du fens qui leur avoit fait refufer d'abufer de la paffion de fon maître, pour faire un mariage qui les auroit perdu indubitablement, puifque la marquife n'auroit pas manqué de le découvrir, de le faire caffer, & de faire mettre Flore dans un couvent où elle auroit paffé triftement fa vie.

Madame Maronville, à ce difcours, ne fortant pas de fa tranquillité ordinaire, l'écouta fans l'iterrompre ; mais lorfqu'il eut ceffé de parler, elle lui demanda quel étoit donc le fujet qui l'amenoit, puifqu'il ne venoit pas par les ordres de monfieur d'Aftrel.

Je crois m'être déjà affez expliqué, lui dit-il, en vous déclarant que ce n'eft que pour mon compte. Je vais me faire entendre plus précifé-ment, & vous dire qu'après avoir connu, par l'expérience de mon maître, combien vous êtes éloignée de l'ambition qui poffede & qui perd ordinairement les femmes de notre condi-tion, je vous ai trouvé digne de tout ce que monfieur le marquis vouloit faire pour vous. Je le plains d'être d'une qualité qui lui ôte l'efpé-rance de poffeder la belle Flore, & j'eftime mille fois moins fon rang que le mien, puifque Dupuy peut fe flatter d'un bonheur qui eft re-fufé à un marquis ; car je fuis perfuadé, ma-dame Maronville, ajouta-t-il, que vous n'avez pas renoncé à marier votre fille, & j'ofe efpérer que vous ne me la refuferez pas.

· · Je vous offre un homme d'un état plus con. ·
·venable au sien, continua-t-il : j'ai plus d'âge
que monsieur d'Aftrel, il eft vrai ; mais, par
conféquent , je fuis plus capable de conftance.
J'ai une famille qui fera ravie de la poféder, &
je fuis affez riche pour la rendre heureufe.
Quant aux avantages que je lui ferai , j'en laiffe
le foin à votre difcrétion : ce fera vous qui réglerez le contrat , & à qui je donnerai un état
fidelle de mon bien. Sur cela il lui en fit le
détail , de même que des projets par où il prétendoit faire leur bonheur.

Le plan qu'il propofoit étoit affez raifonna-
ble ; cependant toute la famille demeura
muette : il en fut furpris , & voyant qu'on ne
lui répondoit rien , il en demanda la raifon.
Enfin la mere lui dit , que fa recherche leur
faifoit plaifir ; que malgré cela, fa fille n'ayant
que feize ans, elle n'étoit pas encore réfolue
de l'éloigner d'elle de quelque temps ; que ce
qu'il propofoit étoit faifable, & pourroit s'exécuter un jour ; mais qu'il n'étoit pas à propos
d'y penfer, tandis que l'amour du marquis fub-
fifteroit, parce qu'il n'y avoit aucune apparence
qu'il fouffrît paifiblement que fon domeftique
époufât à fes yeux une fille qui lui auroit été
refufée , à moins que ce ne fût de fon confentement & pour fa commodité ; ce qu'elle étoit
bien éloignée de penfer ; que cette circonftance ·
la mettoit dans une néceffité abfolue de fufpendre

une réponfe qui méritoit que l'on y·fît réflexion, & que quand fa fille ne fe marieroit de trois ou quatre ans, elle feroit affez jeune pour ne pas faire dire qu'elle avoit beaucoup tardé.

Dupuy, offenfé de l'efpece de foupçon que la Maronville lui faifoit paroître, en difant qu'elle ne l'avoit pas, lui fit tous les fermens qu'il put imaginer pour fe juftifier, l'affurant qu'il avoit trop d'honneur & d'amour pour concevoir des deffeins fi indignes.

J'en fuis perfuadée, reprit cette femme; mais en ce cas vous ruineriez votre fortune, & monfieur le marquis, loin de vous protéger comme vous avez fujet de vous en flatter, deviendroit votre plus cruel ennemi : c'eft à quoi vous ne devez pas vous expofer.

Dupuy, que cette politique n'accommodoit point, lui dit, qu'en cas que le marquis s'offensât de fon établiffement, & qu'il ne voulût rien faire pour lui, il étoit en état de fe paffer de fa protection, d'autant mieux que celle de la marquife y fuppléroit. Mais croyez-vous, lui dit-il, que fon amour fubfifte long-temps après la perte de fes efpérances ? Je fuis perfuadé qu'il reviendra, avant qu'il foit peu, d'une paffion dont il éprouve l'inutilité.

Eh bien, reprit-elle, nous pouvons attendre ce moment ; & puifqu'il eft fi proche, il ne faut rien précipiter : quand il fera arrivé, nous verrons ce que nous aurons à faire. Dupuy fe voyant ainfi éconduit, demanda, pour derniere grace, la liberté d'entretenir Flore, & de l'avoir ce qu'elle penfoit-de cette propofition. La mere y confentit fans difficulté ; mais il n'en fut pas mieux, parce qu'elle lui dit, en peu de mots, qu'elle n'avoit point d'envie de fe marier fi jeune', & que quand elle penferoit différemment, elle fe rapporteroit entiérement aux fentimens de fa mere, & au choix qu'elle auroit la bonté de faire pour elle, en fouhaitant que çe ne fût pas fi-tôt.

Enfin, malgré les plus preffantes inftances, Dupuy fut obligé de fe retirer, fans avoir pu obtenir de réponfe plus pofitive, ni même la permiffion de revenir les voir ; il fut feulement prié d'employer le crédit qu'il avoit auprès du marquis pour détruire une paffion qui ne fervoit qu'à troubler leur repos, lui promettant d'être reconnoiffant de ce fervice.

Etant ainfi congédié, il fut obligé de partir avec une efpérançe auffi éloignée qu'elle étoit incertaine, & pourtant dans la ferme réfolution de ne rien négliger pour détourner fon maître d'une concurrençe auffi préjudiciable à fes intérêts.

De retour auprès de lui, il voulut commencer à y travailler ; & pour lui faire fa cour tout enfemble, il lui dit que malgré la répugnance qu'il auroit à le voir prêt à faire un fi mauvais marché, le chagrin où le plongeoient les obftacles

que ces femmes lui apportoient, l'avoit engagé
d'aller chez elles pour tacher de les rendre traitables ; mais qu'il auroit autant réuffi à entreprendre d'amolir des marbres, ne mettant point
en doute, par quelques fignes d'intelligences
qu'il avoit furpris entr'elles, que l'obftination
de la mere ne vînt de l'éloignement déterminé
qu'elle voyoit pour lui dans le cœur de fa fille ;
cet éloignement n'étant vraifemblablement caufé
que parce que cette villageoife n'étoit pas accou-
tumée à voir des gens faits comme lui ; ou peut-
être parce qu'elle étoit prévenue en faveur de
quelque jeune manant.

Ces difcours, qui renouvelloient dans l'efprit
du marquis la certitude de la cruelle réfolution
de madame Maronville, & qui y ajoutoient un
foupçon qui fit naître dans fon cœur une jaloufie
fubite, ne le difpoferent point à recevoir, avec
reconnoiffance, la démarche que le zele prétendu
de Dupuy lui avoit fait faire. Loin de l'en remercier, il lui ordonna féchement de fe taire ,
& de ne point augmenter fa peine par une nouvelle confirmation du malheur qui ne lui paroiffoit que trop affuré, lui défendant abfolument
de lui parler jamais de Flore, dont il n'avoit
le fouvenir que trop préfent.

Cependant il retomba dans une mélancolie
terrible : la penfée d'être haï, & d'avoir peut-
être un rival préféré, le mettoit au défefpoir,
ne doutant pas que Dupuy n'eût raifon, & ne

voyant qu'une averfion invincible qui fût capable de faire refufer des propofitions qui auroient dû leur faire paroître très-avantageufes , puifqu'il avoit trop bien réparé la faute que lui avoit fait commettre les deffeins offenfans qu'il avoit témoignés d'abord contre leur vertu ; & il ne pouvoit croire qu'elles en confervaffent un reffentiment affez préjudiciable à leurs propres intérêts , pour les obliger à refufer un établiffement qui leur devoit paroître fi fort au-deffus de leurs efpérances.

Quant à lui , il ne lui en reftoit aucune , mais ce qu'il y avoit de cruel , c'étoit de les avoir perdues fans perdre fon amour , & d'être obligé de diffimuler fa douleur aux yeux de fa mere.

Il ne defiroit que d'être feul ; c'étoit fon unique confolation : & comme les promenades folitaires pouvoient caufer à la marquife les mêmes alarmes que celle qu'il avoit faite à Vincennes , il n'ofoit chercher la retraite ailleurs qu'au milieu du grand monde , & il la trouvoit aux fpeĉtacles , où il étoit fort affidu , non pour avoir le plaifir de les voir , mais pour y rêver à fon aife fans être interrompu : il fe mettoit dans le fond d'une loge , où il fe rendoit des premiers , & d'où il ne fortoit que long-temps après tout le monde.

Un jour qu'à fon ordinaire il y étoit , peu attentif à la piece , le comte de Marandel entra dans le même lieu. Le marquis ne l'auroit pas connu ,

connu , tant il étoit abforbé dans ſes penſées ,
s'il ne lui eût parlé. Le comte lui demanda s'il
étoit malade ; à quoi, pouſſant un grand ſoupir,
il répondit que non.

 - Quoi ! dit ſon ami, tu te porte bien , & tu
ſoupire ; que peux-tu donc avoir qui te trou-
ble ? Jeune , riche , aimable , recherché d'amitié
par tous les hommes , & d'amour par les belles ,
adoré d'une mere qui prévient tes deſirs , maître , non-ſeulement de tes volontés, mais encore
des ſiennes, que peut-il te manquer pour être
heureux ? Il s'en faut bien que je ne le ſois ,
reprit triſtement le marquis. Mais , repartit le
comte avec étonnement , quelle peut être la
cauſe de ton chagrin ? Seroit-il poſſible que tu
fuſſe malheureux en amour , & que , pour ſur-
croit de merveilles, tu fuſſe aſſez du vieux temps
pour ne pas te venger d'une cruelle , en l'abandonnant à ſes ſottes rigueurs ? Le marquis ne
répondit que par un nouveau ſoupir.

 Ah ! j'y ſuis, s'écria le comte ; tu aime une
de nos princeſſes , & tu ne peux eſpérer d'être
ſon époux ; car je ne penſe pas qu'il y ait d'autre maiſon que la maiſon royale qui puiſſe te
faire appréhender de voir refuſer tes vœux. Je
n'en connois point dans le royaume qui ne te
reçoive avec plaiſir, ſuppoſé que ce ſoit l'amour
de l'hymen qui te preſſe. Mais en cas que tu
aimaſſes aſſez ſagement pour ne ſonger qu'à
t'amuſer, tu n'es pas fait de façon à être mé-

Partie I.   **M**

prise d'une belle ; dont tu voudrois bien prendre
la peine d'orner le triomphe.

D'Astrel , à ce discours levant les épaules ,
le regarda comme s'il lui avoit tenu un propos
fort extraordinaire. Faut-il que j'entende toujours parler de la sorte , lui dit-il d'un air im-
patient ? Et quand tout ce que tu me dis d'obligeant seroit assuré , peut-on croire qu'il n'y a
point de place imprénable ?

S'il en est , reprit le comte , je ne pense pas
qu'elles soient extrêmement communes , sur-
tout quand l'assiégeant est de notre âge & de
notre figure , & je vois que les sieges ne durent
qu'autant qu'il le faut pour nous faire valoir le
prix des conquêtes.

Tu es heureux d'avoir cette idée , répondit
le marquis ; mais pour moi qui éprouve le contraire , je ne puis penser si obligeamment en
ma faveur. T'amuserois-tu à filer le parfait
amour pour une inhumaine , repartit le comte ?
Si cela étoit , permets , mon cher , que je te
dise que tu serois plus fou que ne furent jamais
Cirus ou le gentil Céladon.

Quoi qu'il en soit , dit d'Astrel , je consens
que tu jouisse du plaisir dont te comble ta maniere d'aimer , & je te félicite de ton bonheur
sans l'envier. Mais , de grace , laisse-moi ma mé-
lancolle , je n'en suis pas le maître : au contraire , elle redouble par la contrainte où me
met le soin de la cacher : il me semble que si
j'avois la liberté de m'y abandonner , je pourrois la vaincre , ou j'y succomberois tout-à-fait ;
car il est impossible que l'un ou l'autre n'arrive
dans peu.

Le comte de Marandel étoit celui des amis du
marquis qui lui étoit le plus tendrement attaché : ils avoient vécu ensemble dès leur plus
tendre enfance , ne s'étant séparés que quand
d'Astrel partit pour ses voyages , & s'étoient

revus à son retour avec les mêmes fentimens. Il
étoit un de ceux qui avoient été à fa terre avec
lui ; & fe rappelant la triftefſe qui paroiſſoit
dès ce temps-là dans toutes ſes actions , il ne
douta point qu'il n'en eût un ſujet eſſentiel.

Tu parles d'un ton fi ſerieux , lui dit-il, que
je n'oſe plus badiner ; mais, mon ami, que ne
retourne tu à la campagne ; il n'eſt point d'endroit plus commode pour eſſayer du remede
que tu crois propre à ton mal. Oui , reprit le
marquis, ce ſeroit le ſeul moyen ; mais je ne
puis pourtant le prendre chez moi, après avoir
mis la nobleſſe des environs ſur le pied d'y venir
librement, & j'y ferois moins ſeul que je ne le
ſuis à Paris.

Eh bien ! je pars pour aller dans mes terres,
dit le comte, où je ne ſuis pas dans l'habitude
d'y recevoir tant de monde , preſque tous mes
voiſins étant des gens âgés , ou des dames gra-
ves ; chez qui je vais ſans qu'elles viennent me
rendre viſite , n'ignorant pas que je ſuis peu
ſédentaire , & que mon château n'eſt point
aſſez rangé pour recevoir compagnie , avec tous
les agrémens que j'y voudrois donner.

Viens avec moi, pourſuivit-il ; nous y vivrons
librement , nous ne nous gênerons point ; je te
laiſſerai rêver tant que tu voudras , & peut-être
que ſi tu veux me confier tes peines, mes conſeils te feront trouver du ſoulagement.

Le marquis ſe défendit quelque temps d'accepter ces offres ; mais à la fin il ſe rendit aux
ſollicitations preſſantes de ſon ami , avec la condition qu'il agiroit de la même ſorte que s'il
n'avoit perſonne chez lui, & qu'il viſiteroit ſes
voiſins comme de coutume, ſans exiger qu'il
l'accompagnât à ſes viſites. Le comte le lui
promit , & ils prirent leurs meſures pour partir
le lendemain à la fraîcheur. Le marquis prévint
le même ſoir ſa mere ſur ce voyage, qu'elle
approuva à l'ordinaire.

Il ne mena avec lui qu'un laquais, Dupuy n'ayant pu le fuivre, parce qu'il étoit un peu incommodé. Ils ne furent pas fâchés de ce contre-temps ni l'un ni l'autre. Monfieur d'Aftrel n'étoit pas dans une fituation affez paifible pour ne point s'ennuyer des remontrances de ce valet précepteur ; & comme il les avoit toujours affez bien reçues, il avoit de la peine à les éviter , fur-tout ne pouvant difconvenir intérieurement qu'il n'eût raifon ; tandis que le pédagogue ne fe pouvoit tenir de parler fur cet article , fur-tout depuis que fon interêt perfonnel redoubloit fon éloquence & le zele qu'il avoit toujours eu pour fon maître. Mais comme il s'appercevoit lui-même qu'il parloit à ce fujet avec encore plus de feu qu'il n'avoit fait jufqu'es-là , apprehendant que fon pupille n'en découvrît le vrai motif, il regardoit comme un bonheur le contre-temps qui les féparoit : ainfi tous deux fatisfaits d'être en liberté, le marquis le laiffa à Paris , & fuivit le comte.

Fin de la premiere Partie.

Lightning Source UK Ltd.
Milton Keynes UK
UKHW011109291118
333024UK00006B/275/P

9 780666 125651